总裁智慧系统
演说力

苏学锋 ◎ 著

中国商业出版社

图书在版编目（CIP）数据

总裁智慧系统演说力 / 苏学锋著. --北京：中国商业出版社，2019.4

ISBN 978-7-5208-0729-6

Ⅰ.①总… Ⅱ.①苏… Ⅲ.①演讲-语言艺术 Ⅳ.①H019

中国版本图书馆CIP数据核字（2019）第068732号

责任编辑　朱丽丽

中国商业出版社出版发行
（100053　北京广安门内报国寺1号）
010-63180647　　www.c-cbook.com
新华书店经销
大厂回族自治县德诚印务有限公司印刷

＊

710毫米×1000毫米　1/16开本　14.75印张　150千字
2019年5月第1版　2019年5月第1次印刷
定价：48.00元

＊＊＊＊＊

（如有印装质量问题可更换）

导 言

苏学锋导师，一个风度翩翩、器宇不凡的企业家，他是九州创联商学院院长、九州创联董事长、国家心理咨询师、国家企业培训师、"赢家大讲堂"特聘专家讲师、卓越商业领袖导师、总裁智慧系统课程创始人、中国管理科学研究院企业管理创新研究所副所长。

从当初青涩稚嫩到如今的稳重成熟，从当初的一无所有到如今的资产过亿，他通过非凡的智慧和勤劳的双手，实现了跨越式的蜕变与发展，成为众人尊敬的智慧导师，成为众人崇拜的企业家。

二十年奋斗，他跨越千山万水，历经商海沉浮。如今，他从鄂尔多斯到北京至全国拥有多家公司，旗下的产业涉及教育咨询、文化影视、大旅游、大健康、大科技等多个产业领域。

回首往昔，那些艰苦奋斗的片段还历历在目，正是因为有它们的存在，才拼凑成如今宏伟的事业蓝图。1997年，大学毕业的他带着对梦想的向往，踏上了商海之路，国家的政策以及时代的契机，引领他步入IT行业，十一年的打拼，让他一跃而起，成为公司股东、行业翘楚，本该享受成功的喜悦，但他却陷入了迷茫。恍然间，他发现自己在经营企业过程中一直无法摆脱"茫、盲、忙"的困境，为了突破眼前的窘境，他几经思虑放弃眼前拥有的一切，踏上了求知之路。

2008年，为了寻找企业发展之路，他开始接触教育培训行业，在不间断的学习中，他和众多领域的企业家相互学习、共同成长。短短10年时间，他汇聚千人团队，在国内普及总裁智慧系统，帮助数十万中小企业家学员绝地重生，找到人生新方向！现今，他潜心立足于教育咨询领域，并将20年的企业经营管理实战经验与10年潜心学习研究总裁智慧系统相结合，形成了自己独特的课程体系，并且应用到自己企业经营管理当中，让自己实现身心解放，企业业绩暴涨，员工自动自发。

除此之外，他还在训练过程中使企业家在快乐的学习氛围中领悟新的思考模式，掌握全新的理念及技巧，让企业家得到智慧的生发、大脑的升级，自身的改变，从而促进企业更快速、更稳定地发展。在企业得到发展的同时，也能够促进家庭氛围的和谐，真正实现财富自由、幸福的一生！

正所谓：春蚕到死丝方尽，蜡炬成灰泪始干。教育，是一份高尚的事业，是民族振兴和社会进步的基石，更是一个国家的立国之本。正因如此，他知道自己肩上的担子左边承载着责任，右边承载着使命。未来，他还要不断地充实自己、教诲他人，让更多的人领悟总裁智慧系统的智慧，在不断地改进中，塑造更好的自己，迎接更美好的人生！

序 言

演讲是一种思想性、政治性较强的现实活动，更是一门人类沟通的艺术形式。演讲是真理的呐喊，是心灵的共鸣，更是人格的展现。因此，身为一名演讲者必须具有较高的政治素质、良好的道德品质、高尚的思想情操和无穷的人格魅力。只有这样，当演讲者站在舞台上的时候，才能真正令台下的人心悦诚服，从而促使听众去展开行动。

放眼今朝，不管是商界精英，还是政界领袖，无一不是演说高手。马云、乔布斯、俞敏洪、雷军，还有千千万万个和他们一样出众的企业家们……当他们站在万人瞩目的演讲舞台上，轻松自如地分享自己的观点与心得时，不仅成功塑造了个人魅力，还传播了企业品牌。难道你不想像他们一样，成为一个口吐莲花的魅力领袖吗？

中外历史上，有些大演讲家原本口吃，不敢在众人面前讲话，但是经过刻苦训练后，终获成功，并由此改写了自己的人生。从某种意义上说，世界竞争的本质是对话语权的争夺。谁拥有了话语权，谁便拥有了达到目标的主控权。如果你也想改变自己的现状，提高自己的演讲能力，成就一番事业，那么你就要从现在开始培养自己的演讲才能，不要让演讲成为你最恐惧的事情。

有句话说得好：台上一分钟，台下十年功。要想让自己真正成为一个口吐莲花的演讲高手，成为一个一呼百应的魅力领袖，那么光是学习演讲的理论知识是完全不够的！因为一个优秀的演讲者不是说出来的，而是通过不断地实战训练出来的。"纸上谈兵"的做法没有任何意义。想要让自己站在演讲舞台上大放光彩，只有通过大量的演讲实践，才能完成由演讲小白到演讲高手的转变。

本书中，作者根据多年的实战经验，将演讲知识分为功课准备、内容布局、情感渲染、调整心态、把握技巧、塑造五觉、情景演练等七大模块，系统地介绍了演说必备的技能！并且理论联系实际，结合具体生动的例子，详细阐述了演讲的技巧和应对各种情景演讲的方法。希望每一位读者都能细心揣摩，取其精华，在实践中灵活运用，从而使自己成为受人瞩目的超级演说家！

自序

众多企业家期待已久的《总裁智慧系统演说力》终于要问世了，这是我撰写的第三本书，写这本书的目的是为了培养国内中小企业家以及企业高管一对多的演说能力，帮助他们更好地塑造个人领袖气质，成为一个万众瞩目、受人尊敬及崇拜的超级魅力领袖。很多中小企业家当初创办企业，没有意识到演讲能力对他们成长的重要性，直到他们的企业不断发展、壮大之后，面对的员工、客户都渐渐多起来的时候，他们才意识到以前小众化的沟通模式不太适合了，并且也没有更多的时间和精力去单独沟通了，这个时候，演讲能力的重要性就体现出来了。

这几年，我一直在课程现场强调：一个优秀的企业家，一定要具备演讲技能！我认为有三个原因：第一，如果企业家会演讲，便可以有效地激励团队的士气。反之如果企业家不会演讲，就很难统一员工的思想！第二，企业往更好的方向发展的过程中，往往需要投资者的加持，这个时候企业家靠什么打动投资者呢？除了企业自身的硬实力，还有企业家自身的软实力。为什么现在顶级的卓越商业领袖能够在非常短的时间里面，就能打动投资者，这肯定和他优秀的口才密切相关。第三，如果企业家会演讲的话，便可以轻松搞定、征服自己的客户和经销商，建立广泛的联结。

  以上三点不但可以帮助企业家提升个人的能力，更重要的是对企业发展而言有着无可替代的意义。当企业家真正掌握演讲技巧的时候，就能够成为一个最会说话的人，并且无论在什么样的场合，只要一开口就能够让自己成为现场群众所关注的焦点，而所说出的话语也会变得更加有影响力和穿透力。那么，什么叫作穿透力呢？就是所说的话能够直接击中对方的心房！那么，影响力又是什么呢？就是可以让对方去行动的能力。这两种能力，就是演讲技能的魅力所在。

  我知道很多中小企业家都十分羡慕马云、俞敏洪、雷军、周鸿伟、王石等人的演讲能力和水平，也有很多人渴望学习他们的演讲风格，希望有一天他们身上的光环，也能够在自己的身上展露。但是我想告诉大家的是：这些卓越商业领袖的演讲尽管魅力十足，却不一定适合你的风格，单纯地去模仿别人其实是毫无意义的。如果在学习演讲的过程中，你能找到属于自己的性格优缺点，然后尽自己所能去发挥自己的长处，努力找到属于自己独特的演讲风格，就可以找到自己最强有力的个人舞台魅力。

  这些年来，我始终认为：演讲者站在舞台上，除了向众人展露自己的能力，更重要的是要带着一颗大爱之心，对自己讲述的每一句话负责。演讲最本质的目的是教育人、启迪人，这就要求演讲者本人必须具备先进的思想，能高瞻远瞩，识前人所未知，讲前人所未讲，让每一个听众都能够在演讲中得到自己想要的东西，真正地去传播智慧，传授方法。最后我希望《总裁智慧系统演说力》这本书能够帮助企业家快速掌握演讲的核心要义，成为充满独特魅力的超级演说家！

目 录

第一章 做好功课"轻"装上阵：演说家日程准备

> 一场优秀的演讲，来自演讲者精心的准备，因此不要轻易否定自己的能力，也不要仰望你眼中的那些演讲天才，即便是演讲天才也需要花费大量的时间来准备。所以，如果你的演讲不够出众，就代表你花费在上面的时间还不够。当你准备得足够充分的时候，就可以"轻"装上阵，自信也会随之而来。

演讲者自我修炼：超级演说心法　/ 3

成功演说家的必备"功课"　/ 6

形象准备：演讲家不可忽视的三大要点　/ 9

上场前：必须进行台下预演　/ 12

打破瓶颈：克服内心的恐惧感　/ 15

最佳开场：好的开始是成功的一半　/ 18

防止抵抗心理：拉近与听众的距离　/ 21

应急策略：保证上台演讲不慌张　/ 25

第二章　内容布局：要讲什么给观众听

明确演讲主题，合理安排演讲内容，是每一个演讲者都要去做的事情。只有知道要给听众讲什么内容，才知道自己怎样去讲。当然在进行演讲内容布局之前，演讲者必须提前了解自己的听众，因为只有充分了解他们，知道他们想要听的内容，才能有目的地设计演讲内容，从而获得最佳的演讲效果。

是什么决定了你的讲题　/ 33

搜集演讲资料：演讲准备第一步　/ 35

自我介绍：让听众为你喝彩　/ 38

演讲家：一个"故事大王"的诞生　/ 41

一个完美的PPT展示　/ 45

勿要"照本宣科"，拉低演讲水平　/ 47

互动交流：如何和听众"玩"起来　/ 50

给演讲打造一个漂亮的结尾　/ 53

第三章　以情动人：培养你的情绪煽动力

好的演讲应该是一种充满感情的语言艺术，是激情迸发的产物。当演讲者带着真挚的情感走上舞台，并向台下的听众富有感情地表述着自己的观点时，能够更好地带动听众的情绪，掌控现场的氛围。一场出色的演讲，一定是带有情感渲染的，因此演讲者必须要学会把自己的情感融入演讲之中。

演讲"套路"藏不住，唯有真情得人心　/ 59

找好切入口，培养与听众的亲近感　/ 63

巧设兴奋点，调动听众情绪　／66
演讲中，要设计最佳"动情点"　／69
用自身热情，点燃你的听众　／73
微笑：释放你最友善的情感　／76
掌握抒情技巧，触动人心　／78
激发兴趣：抓住听众注意力　／81

第四章 调整心态：你的态度决定一切

> 心态是决定做事成败的关键元素，这一点在演讲中同样适用。当我们面对同样的事情，用不同的心态去对待的时候，就会产生不同的效果。心态影响我们的行为，决定我们的演讲状态，有什么样的心态，就有什么样的演讲效果。因此修炼好自己的心态，是演讲者走向舞台，成就自己的第一步。

自信，是演讲的第一开关　／87
坚定使命感，分享最有价值的东西　／90
学会感恩，你的听众是你的支持者　／93
勇敢：挫折是通往成功的必经之路　／97
带着"宽容"演讲，不要和听众计较　／100
拿出积极态度，带动全场氛围　／103
大爱心理，演讲是传播"爱"的方式　／106
切忌模仿他人，学会保持自我　／109

第五章 把握技巧：让你在舞台上绽放光彩

> 作为一名演讲者，只有掌握一定的演讲技巧，才能轻松自如地驾驭演讲，并且和听众产生积极的互动效应，从而让自己在演讲舞台上绽放出光彩。但是演讲者要永远记住：技巧只是演讲的"外饰物品"，所有的演讲技巧都代替不了内容和思想本身，你要表达的观点永远凌驾于所有的技巧之上。

演讲中，语言长短需适度　／115

避免出错：演讲中的八大禁忌　／119

用幽默段子来活跃现场气氛　／121

找准窍门，才能说动人心　／124

情绪激昂，增强自身感染力　／128

八大情绪演绎，学会释放自己　／131

掌握无往不胜的演讲技巧　／134

通俗易懂，才能带动你的听众　／137

第六章 塑造五觉：不仅会说更要会"演"

> 演讲作为一门艺术，最大的因素是取决于有声语言和非有声语言（即态势语）的交融体现。即除了吐字清楚、声情并茂外，还要举止大方、态势潇洒。有一条重要沟通理论：语言7%、语气语调38%、肢体语言55%。可见想要打造一场完美的演讲，演讲家不可忽视"五觉"所起到的作用。

让你的肢体语言，为演讲加分　／143

服饰仪容：打造完美首因效应　／147

不慌不乱，让自己的举止更从容　/ 150

巧用脑袋，传达内心的意图　/ 154

打开心灵之窗：用目光与听众进行交流　/ 157

如何恰到好处地运用面部表情　/ 161

注意！演讲者不可忽视的身姿要求　/ 164

演讲中，带有魔力的手势语　/ 167

掌握演讲常用的28种手势语　/ 170

演讲语调：让听众享受节奏美　/ 175

第七章　情景演练：应对不同的演讲场景

在演讲活动中，演讲者的身份各不相同，演讲的目的多种多样，演讲的内容包罗万象，演讲的方式各有特点，演讲的场地千差万别，演讲的听众形形色色。身为一名演讲者，可能要面临参加各式各样的会议，登上各式各样的舞台，因此必须学会一些应对不同演讲的方法和技巧，才能完美驾驭不同的演讲场景。

即兴演讲，让你成为群众焦点　/ 181

把握6条原则，打造一场完美的培训演讲　/ 186

会销演讲，让听众为你的产品买单　/ 191

如何让你的报告演讲更精彩　/ 195

节庆演讲，具体该怎么说　/ 199

竞聘演讲，以目标为导向　/ 202

如何成为激励演讲大师　/ 206

为纪念演讲进行合理布局　/ 211

打造一场流利顺畅的商策演讲　/ 214

掌握外交演讲需注意的事项　/ 217

· 第一章 ·

做好功课"轻"装上阵：演说家日程准备

　　一场优秀的演讲，来自演讲者精心的准备，因此不要轻易否定自己的能力，也不要仰望你眼中的那些演讲天才，即便是演讲天才也需要花费大量的时间来准备。所以，如果你的演讲不够出众，就代表你花费在上面的时间还不够。当你准备得足够充分的时候，就可以"轻"装上阵，自信也会随之而来。

——卓越商业导师　苏学锋

第一章

做好功课"轻"装上阵：演说家日程准备

1

演讲者自我修炼：超级演说心法

1. 我喜欢讲话

没有人天生会说话，学习说对话绝对不是一件容易的事，但一次机会足以改变你的一生！想要成为一名出众的演讲者，首先要做的就是让自己喜欢讲话、乐于分享，只有这样才敢于在听众面前侃侃而谈。一个人的一生最大的敌人其实就是自己，只要战胜了自己就战胜了全世界！不断暗示自己：我喜欢讲话。慢慢地，你就会真的愿意去讲话、去表达。

2. 我喜欢我的声音

很多演讲者都觉得自己的声音很难听，除了每个人的嗓音不同，还有一个原因是：我们听到的自己的声音和别人听到的我们的声音是不一样的。有的时候，别人听到我们的声音会觉得很吸引人。不管是因为什么，我们都要热爱自己讲话的声音，并且尝试着通过一些语音技巧来提升自己的嗓音魅力。

3. 我喜欢我自己

一个不喜欢自己的演讲者，又如何能够获得听众的喜欢呢？因此，一个演讲家必须要学会喜欢自己。无论我们有多么平凡，我们都

要找到自己的优点,并且在演讲的过程中,把自己的这些优点告诉听众。学会喜欢自己的第一步,就是要学会自信,当你把自信传递给你的听众时,受到感染的他们自然而然就会喜欢你了。

4. 只要有开口讲话的机会就开口练习

台上一分钟,台下十年功。这句话告诉我们的是:每个人站在舞台上光彩熠熠的背后,都浸透着无尽的汗水。没有谁生下来就是演讲天才,所以在平日里,我们有机会去练习演讲的时候,一定要主动开口去练习。尤其是,有一个很好的演讲机会和一个很好的演讲环境时,我们要把握住,这对提升演讲能力有着很大的作用。

5. 只要讲话就用手势表达

演讲者光会用语言去表达自己的思想是完全不够的,这个时候态势语言的重要性就体现出来了。在所有的态势语言中,手势是我们最常用的!我们的手部动作也是最能吸引听众关注的。所以你可以尝试着在表达某种思想情感的时候,用自己的手势去打动听众,当语言和手势完美结合之后,你的演讲能力又会上一个台阶。

6. 只要讲话就用面部表情表达

演讲者在讲话时的面部表情会带给听众极其深刻的印象。紧张、疲劳、喜悦、焦虑等情绪无不清楚地表露在脸上,这也是你和听众进行交流的一种方式!当你想要表达什么情绪的时候,可以借由你的面部表情来表达。当你的言语声调已经能够和你的面部表情恰到好处融合的时候,你的演讲就很具说服力了。

7. 只要讲话就要学会引导

演讲者只借助会讲话来表达自己的思想和情绪是完全不够的,因为几乎每一场演讲都是带有目的性的,因此演讲者必须学会引导听众朝着自己想要达成的目标前进,引发他们积极思考,才能够让他们的

第一章 做好功课"轻"装上阵：演说家日程准备

注意力始终在自己的身上。当你无论在什么场合进行演讲的时候，都能够顺其自然地引导听众，那么你的演讲就算成功了。

8. 只要讲话就要照顾听众的情绪

在演讲的过程中，演讲者除了要注意自身的情绪变化，更要考虑到听众的情绪变化，这样既可以感受到听众对自身演讲的反馈，也能够及时地对听众的情绪进行一定的疏导跟处理。那些不懂观察听众情绪的演讲者，很容易得罪听众，更有甚者，因为不理解听众的情绪而最后被反驳，产生口角之争，最后让演讲效果大打折扣。

9. 只要讲话就要学会观察

演讲者的注意力除了在听众的身上，还要照顾到全场的变化，在整个会场之中，有什么是自己演讲可以借助的工具，有什么人物需要临时上场，或者是演讲的PPT出现了一些问题。当演讲者通过观察发现这些事情之后，可以自己或是请求别人帮忙及时处理一下，以免影响到演讲的进程。

10. 只要讲话就要赞美

在这个世上，没有人不喜欢被赞美，听众也是如此！一个会赞美听众的演讲者，一定会得到听众的认可与喜爱的。不过演讲者要注意的是：赞美别人的时候一定要基于现实，不要太过浮夸，虚假的赞美不但不能让听众高兴，还会激起听众的反感。在这一点上，演讲者必须特别注意。

11. 我是一个善于学习的人

如果想要成为一名优秀的演讲者，那么学习就是必须要做的事情。只有自己看的东西、听的东西、学的东西多了，才能够充实自己，让自己掌握更多的知识和见识。这样当你站在舞台上的时候，面对听众才能讲出更多有用的东西，和一些实践的事例。因此，演讲者必须要持续不断地学习。

2
成功演说家的必备"功课"

1. 多阅读

一个成功的演讲者必须具备丰富的学识，不仅是"传道、授业、解惑"的需要，也是演讲成功的基本条件。古今中外的演讲家无一不是学识渊博的，他们之所以能旁征博引、妙语惊人，之所以能把生动、具体、精彩的事例自如地组织到演讲中，就因为他们博览群书，知识丰富。在当今科技发展时代，各种科学高度分化和高度综合，演讲者如果不了解新知识，跟不上现代科学文化发展步伐，就不会使演讲充实、新鲜、生动。因此，演讲者在演讲之前，必须养成多阅读的好习惯。

2. 多参与社会活动

有一句话说得好："唯有实践出真知。"多去参与社会上的各类活动，是对理论知识的转化和拓展，增强运用知识解决实际问题的能力，这对一个演讲者而言非常重要，很多演讲者说的话语不够动人，可能就是因为他们自身实践不够多，无法给听众描述出故事中的真实感。常去参加社会活动，不仅可以接近社会和自然，获得大量的感性认识和许多有价值的新知识，同时也能够把自己在书上看到的理论与

第一章 做好功课"轻"装上阵：演说家日程准备

接触的实际现象进行对照、比较，然后在分享给听众的时候，就更加具有说服力。

3. 多看脱口秀节目

现在很多脱口秀节目都会拿历史内容来充数增加自己的知识量。大家多看看没啥事，只要能明白一个道理就好。那就是：看的东西是别人的，自己在思考后获得的才是自己的。而你的知识，就是构筑在自己的思维逻辑和价值观的基础上的。所以，希望大家看到什么都要自己好好想想，然后再做评价，或者是再扩容自己的知识库。一定要做到：收获的知识是你自己的知识，而不是别人的知识！

4. 多看新闻

看新闻也是一种学习，而且是很有效的学习最新知识的途径。演讲者天天看新闻可以了解发生的形形色色的事情，为自己的发展提供知识储备，在增长知识的同时提高个人修养。了解近期新闻最大的一个好处就是：当你不知道和台下听众怎样交流的时候，说一下近期新闻中火热的事件，就能够引起听众的关注和反馈。这一招对于一个演讲者而言简直是百试不爽。

5. 准备素材（故事、视频、图片）

每一个演讲者在演讲之前都要做好充足的准备，尤其是资料的采集。到底要收集什么类型的资料，才会有助于我们的演讲呢？我们可从这三方面下手：故事，每个听众都愿意去听故事，而且对于故事的内容和发展都充满了好奇，我们可以用故事来证明我们的观点；视频，视频是最具有冲击力的，它的感染性比较强，可以带动听众的情绪；图片，演讲者的语言叙述很多，PPT直观的图片更能让听众一目了然。

6. 演练（内容、游戏）

所谓的"演练"不仅仅是为了自己，也是为了听众所准备。为什么这么说？演练其月的在于能够和现场的听众产生互动。如果干巴巴地站在舞台上一直讲下去，听众会感觉疲倦的，而有了互动的游戏就不一样了，听众不仅可以活动，还能够享受游戏带来的欢乐。对于演讲者而言，也是一个了解听众的好机会。所以在演讲的过程中，演讲者可以根据时间的长短和实际的状况去安排演练。

7. 实践中创造自己的故事

很多演讲者喜欢拿名人案例来举例，但是用的人多了，听众自然也不会感兴趣了。这个时候演讲者该怎么做呢？想要去找一个独一无二，且不会被别人采用的故事，最简单的、最直接的就是自己亲身经历的故事！没有故事，我们可以创造故事，通过一些社会上的实践活动，留意一下和家人、朋友相处时的情景，或许都能够成为你口中的好素材。

3

形象准备：演讲家不可忽视的三大要点

一、发型

1. 男士发型

舞台上，男士的发型要以干净、利落，看着舒服为主。圆形脸，两侧的线条要向上修剪，头顶可适当有蓬松感，这样不会让脸显得太圆；鹅蛋脸，这是完美的脸型，基本上自然一点就可以，不需刻意修饰；倒三角形脸，脸的侧边要弄得有蓬松感，让脸的轮廓有修饰的感觉，头发也不要弄得太蓬，避免显得厚重；方形脸，头顶适当蓬松，刘海侧分，尽量把脸颊旁的头发弄蓬，减少直线的感觉。

2. 女士发型

舞台上，女士的发型应简洁、流畅、自然。圆形脸可采用中分式，露出双耳与脖子；长形脸要让头发蓬松，使脸变宽；方形脸应力求圆滑，掩盖额头和下巴棱角，两颊可留长卷发。低额头最好梳平头；额头过高的前面应留短发或梳发卷；脖子短的可留发或梳高头；长脖子应留长发；翘下巴的人不宜梳高头，最好留长发，将耳朵盖住。

二、打扮

1. 男生

"简约"和"剪裁"缺一不可。无论是以黑色强调雅致,配以漆皮鞋与特色材质领口作为点缀,展现时尚感;还是白衬衫带来的黑白反差强调简约,都要注意以下原则。

▲饰品:能抓人眼球的配饰是台风造型中的亮点,这些细节不仅能丰富视效,更能为着装"减龄"。领带夹、袖扣、领饰都是值得推荐的类别,尽可能多地选择有设计感的款式,令讲台上的你光彩照人。

▲鞋子:雕花的布洛克皮鞋优雅浪漫,可以很好地平衡商务套装的沉闷气息;莫克鞋造型简洁,对于轻盈下身有非常不错的帮助;漆皮的德比鞋能升华着装的整体质感。

2. 女生

不要觉得自己是女生,就一定要穿得花枝招展、艳丽夺目,除非在特殊场合。一般的情况下,干净利索、大方得体的装束即可,能让你在讲台上有绝对的气场。

▲饰品:适当的搭配一些饰品会使你的形象锦上添花。但饰物要做到精而简,手表、手镯不宜太宽松,一条丝巾,一枚胸花,一条项链,就能恰到好处地体现你的气质和神韵。应避免佩戴过多、过于夸张的饰物,让饰品真正有画龙点睛之妙。

▲鞋子:中跟皮鞋使你步履坚定从容,很适合在演讲时穿着。相比之下,高跟鞋显得步态不稳,平跟鞋显得步态拖拉。另外,露出脚趾的凉鞋也会让你显得不够庄重。

做好功课"轻"装上阵：演说家日程准备

三、衣着

1. 男士服装

身上的色系不应超过3种，很接近的色彩视为同一种。颜色太多则给人一种花里胡哨的感觉。衣服必须是有领的，可选择领衬衫。无领的服装，比如T恤，运动衫一类不能成为正装。遵循张弛有度的原则，尽量选择裁剪贴身的男装款式。

2. 女士服装

干净、线条流畅、没有过多修饰的设计的服装最适合。服装色彩可以多元化，让传统生动起来，活泼又不失庄重。突出个人气质，强调个人魅力。一个步姿优美、意气风发、充满自信的女性，最能吸引观众。

4

上场前：必须进行台下预演

演讲者为即将到来的演讲而感到紧张，这完全可以理解，再伟大的人物，他们第一次演讲的时候，也一定避免不了出现紧张的现象。除了自身对演讲的恐惧，更多紧张的原因在于演讲者对整场演讲的陌生感，所以出色的演讲者都知道，在正式演讲之前，他们需要反复地排练，才能有效传达所准备的那些闪光的想法和观点，即便演讲中所有的内容都是他们自己原创的。

排练，或者叫试讲，是演讲者为演讲成功所做准备的重要组成部分。为什么说排练或试讲非常重要？其实只要想象一下：如果优秀运动员一旦停止训练，他们的成绩将会如何？停止训练的运动员，他们的巅峰表现很快会成为过去时。演讲也是如此，假如你不做排练或试讲就直接上场，就好比买彩票撞大运一样，成功将是偶尔发生的小概率事件！

美国前总统奥巴马，他所付出的努力比任何一位演讲者都要多，他曾为了宣誓就职而排练，经过排练和练习，不仅增强了他的信心，也让团队中的其他人放心。在竞选总统的时候，奥巴马与竞选对

做好功课"轻"装上阵：演说家日程准备

手麦凯恩的第一场电视辩论，就是经过他精心演练而出场的。

奥巴马即便是辩才，也不敢掉以轻心，他与幕僚闭关准备，在佛罗里达州旅馆中接受魔鬼训练，多名顾问协助他，并邀请华府知名律师克瑞格担任模拟辩论的对手，克瑞格在2004年总统大选时，也曾协助民主党总统候选人凯瑞，假扮布什进行仿真辩论。这次克瑞格将假扮麦凯恩与奥巴马对阵。

一个历经模拟编排的剧本，一次有着充分准备的战斗！在长达数月的模拟辩论练习中，奥巴马不断地修正自己的言语、表情、形象和肢体动作，以求达到最好的效果。相比之下，麦凯恩倒是坦然自若，仅仅用了三个星期的时间排练，就像是应付学校考试的"临时抱佛脚"。所以，那场美国总统竞选的一胜一负，也就不足为奇了！

对于一个演讲家来说，认真排练是必做的功课。演讲的成功从来不是靠侥幸，也不是靠技巧，更不是靠运气，很多时候比拼的是扎实细致的准备。每一次排练，演讲者都会发现某些地方可以做得更好，及时调整不但能够让演讲者带给听众更好的展现，还能够让演讲者更轻松地去驾驭这场演讲。

军队中流传这样一句话：平时多流汗，战时少流血。与其在正式演讲时出丑而无地自容，不如在事前的排练或试讲中，充分暴露错误与缺陷，及时加以纠正与弥补。如果演讲者不事先去排练的话，那就只有等到正式演讲的过程中，才有机会发现存在的缺陷，可到那时已经来不及补救了！演讲前的排练，可以独自进行，不过最好是在家人、同事、亲朋好友或教练导师面前进行。如果条件允许，演讲者可以事先来到将要正式演讲的场所，对着空座位试讲，这样更具备现实感。排练或试讲，一定要大声地讲出来，像正式演讲那样，配合目光交流和手势、声音的抑扬顿挫、停顿、强调等。

想要保证发挥出色，演讲者必须反复排练一个角色直到自己满意为止。这样，演讲的信心也会随着演讲者所做准备的充分性而得到极大的提升。在"总裁智慧系统演说力"课堂中，我曾告诉学员："充分的备战可以消除75％以上的怯场感。"这句话是很有道理的，你可以试想一下，当正式演讲到来的时候：你已经有一个非常好的演讲题目；演讲稿也经过反反复复的撰写和修改；你已经提前试讲过无数遍，可以流利地表达出来；并且也掌握了身体语言的运用技巧。在这种情况下，你没有理由不对自己的成功充满信心。

5

打破瓶颈：克服内心的恐惧感

富兰克林·罗斯福说过：我们唯一害怕的是害怕本身。很多时候，人们还没有上台进行演讲，就会想象到一些自己出错，被听众嘲笑的片段。于是，潜意识不断暗示自己：不能上台演讲，万一这种事情发生了怎么办？其实越是这样去想，越会对演讲产生恐惧感，而且越临近上台演讲的时刻，这种恐惧感越会爆发到极致，最终导致演讲无法进行，于是过后会变得更加恐惧。在生活中，这种恶性循环对于很多人来说并不陌生。比如，有一些人头一个晚上睡不着，第二个晚上会担心睡不着，而更加睡不着。

举一个生活中的例子：

一直为演讲比赛所苦恼的小A，前不久和朋友约着一起去爬山，他边爬边玩手机，突然一下子就摔倒了，朋友上来扶他的时候，对他说："你能不能注意力集中点，哪有边爬山边玩手机的，看摔了吧！"这一句话让小A陷入了深思。

在这件事情中，小A得到了一个教训，也找到一丝解决演讲障碍的启发。爬山是一件事，玩手机是另一件事，两件事都需要集中注意力去做。但上帝设计人类的时候很奇妙，只赐给人类一个特征：一个人在某一时刻，注意力只能集中在一个焦点上，不能同时分散在两个点上。我们只有一颗心，但却想同时做好两件事情，最后只会重重地摔倒。

回到演讲恐惧这个问题上，其实我们的注意力集中在"如何克服演讲恐惧"时，焦点实际在关注"恐惧"本身，而不是"演讲"本身，这会导致什么现象呢？因为人类的注意力只能某一时刻关注一个点，因此当我们在关注恐惧的时候，便无法关注演讲了。当我们越是关注恐惧，恐惧越是被放大。所以，想要做好一场演讲，首先我们就不能把注意力放在恐惧上，要学会调整自己的状态，让自己回归演讲的本身。下面，我给大家提供几种方法：

1. 学会自我暗示

"请不要想一只绿色的大象。"

读到这句话，你脑海中出现了什么呢？

所以想要给自己积极的自我暗示的时候，尽量不要使用否定词，例如我不紧张、我不焦虑、我不害怕……当我们使用否定词的时候，很有可能会起到相反的暗示效果（你的大脑只接收到了"紧张""焦虑""害怕"等信息，而忽略了"不"）。因此，要多用这样的心理暗示——我很放松，我一定可以的，我很自信……

2. 学会腹式呼吸

我们平时的呼吸是胸腔的呼吸，吸气呼气时伴随着胸腔的起伏。而腹式呼吸则是伴随着腹部的起伏，可以尝试在学习腹式呼吸时把手放在腹部，感受吸气时腹部向外鼓，呼气时腹部向内收缩。多练习几次，就可以掌握腹式呼吸的技能。

3. 适当放松肌肉

找一个不被打扰的安静环境，或躺或坐在舒服的椅子上，开始收紧右胳膊的肌肉直到颤抖。坚持五秒再放松，然后让手和胳膊变软，完全放松。重复2~3次，交替收紧和放松肌肉。

把这个过程逐渐运用到左胳膊、右腿、左腿、腹部、胸部、肩膀、脖颈、下巴、喉咙、前额和嘴部周围的肌肉。最后，交替蜷曲脚趾并放松。继续这些"紧张—放松"练习直到全身彻底放松。熟练掌握这些技巧后，演讲者就可以在5~10分钟内完全放松身体。

6 最佳开场：好的开始是成功的一半

有句话说得好："万事开头难。"无论在什么场合进行演讲，它的开场都十分关键。著名演讲大师卡耐基曾说："开场白是讲话者向听众最先发出的信息，它如戏曲演出前的开场锣鼓，直接影响到听众的心态。"因此，我们可以这么理解：好的开头是成功的一半。一般来说在演讲开始，演讲者要开门见山引入要阐释的主题，使听众心中有数；之后还要通过一定的技巧，瞬间抓住听众的注意力，使他们有继续听下去的兴趣。

一场演讲的开场白有许多种，但无论演讲者用何种方式开头，都要在内容上力求有新意，能给人耳目一新之感；在形式上力求巧趣、别致、新奇，能像磁铁般吸引住听众的心。如果开场白足够精彩，就能沟通演讲者与听众的感情，集中听众的注意力，唤起听众的兴趣，从而使听众对演讲内容产生一种强烈的渴望感。反之，如果演讲开场白平淡无奇，毫无吸引力，那么可以说演讲者在一开始就失去了与听众交流感情的链环，减弱了自身演讲的吸引力。

著名演讲教育家李燕杰在《爱情与美》的演讲中这样开场：

做好功课"轻"装上阵:演说家日程准备

"我不是研究爱情的,为什么会想到要讲这么一个题目呢?"然后讲了一个故事:北京一家公司的团委书记再三邀请李老师去演讲,并掏出几张纸,上面列着公司所属工厂一批自杀者的名单,其中大多数是因恋爱问题处理不好而走上绝路的。"所以,我觉得很有必要与大家谈谈这方面的问题。"这个故事一下子把听众的注意力集中起来,使他们感到问题的严重性和紧迫性。

一位历史学家在阐述盟国与战败国德国的关系时,用下面一段富有启发性的小故事引出正题:1945年,温斯顿·丘吉尔在伦敦机场登上前去参加波茨坦会议的飞机时,一个很有身份的新闻记者忧心忡忡地问他:"首相先生,同盟国会不会在波茨坦犯当年在凡尔赛犯过的错误?"丘吉尔微微一笑,连雪茄都没有从嘴上拿下,富有远见地答道:"人们可以放心:同样的错误我们不会再犯,但会犯其他的。"

演讲者用这样戏剧性的小故事作为引子,赢得了听众的兴趣和关注。同时这个小故事对他的演讲来说,就是一个很好的破题。但凡成功的演讲,都要在演讲稿开头下一番功夫,精心设计和安排一个好的开头,力图使演讲的开头能打动听众的心扉,使演讲者和听众的心挨得近些,靠得紧些,以此博得听众的好感,来为自己的演讲成功奠定基础,铺平道路。

常见的开场白有以下四种形式:

1. 讲述演讲的题目

这种开头不仅交代了题目及演讲的缘由,吸引了听众的注意,而且还便于引出下文,使听众觉得自然流畅。开门见山,直接从演讲的题目谈起,引出演讲的中心论题。例如,郭沫若的演讲《科学的春天》是这样开头的:"亲爱的同志们!我们民族历史上最灿烂的科学的春天到来了。"

2. 讲述演讲的缘由

这种开头一开始便三言两语向听众说明演讲的起因，然后顺水推舟导入下文。这种开头目的明确，使听众对演讲内容有个初步的了解。这种从缘由讲起的方法，不仅能使听众概括地知道演讲的来龙去脉，引起听众的兴趣和注意，而且和正文的衔接也较为自然流畅。

3. 讲述一个故事

演讲者可以用自己身旁的真实事件作为演讲的开场白，这样不但亲切可信，说服力强，且易被听众接受。除此之外，这样的开场白还能够调动听众的好奇心，更重要的是：它能够一下子就进入正题，既生动又具体，使听众产生一种身临其境的感觉，并且还会引起听众的思考！一旦听众的内心、思维和演讲者产生了链接和互动，那么他们就会跟着演讲者的思路去听讲，而最终演讲的效果也一定很不错。

4. 进行自我介绍

有一些演讲者，在登上舞台之后，一开场就对着下面的听众来了个自我介绍，或者是讲述下个人经历和性格爱好，或者是当场就表明自己的立场观点。这样的开场白诚挚坦率，能融洽气氛，吸引听众。其实很多时候，听众真的很愿意去了解演讲者本身的一些事情，因为这将决定接下来他的讲话是不是真的具有说服力。

7

防止抵抗心理：拉近与听众的距离

在有些情况下，台下的听众对台上的演讲者总有一种敌对情绪。他们下意识地进行着与演讲者思想意识、表达情感相背向、相逆反的意识与思维。他们淡漠、厌恶、说小话、起哄、离座，甚至直接与演讲者发生言语抵触。

面对听众的对抗心理，只能接受、协调、化解，绝对不能排斥与压制。否则，你不是在做即兴演讲，而是在跟听众抬杠、吵架。为了避免听众的对抗心理，把听众对抗心理控制到最低限度，在演讲中，想要拉近自己与听众之间的距离，就要懂得把握以下四个方面：

1. 使用得体称谓

无论在什么场合进行演讲，我们对听众的称谓一定要能显示出对方的身份、地位，以及自身和对方的关系，但更为重要的是表达出得体的情感。一般的时候，我们面临的听众是多层次的，且越大的场合越是如此。这个时候，我们便可以使用泛称。例如"朋友们""同胞们""同伴们""各位小姐、各位先生""女士们、先生们""姐妹们"等。

当遇到一些特殊行业、特殊年龄、特殊层次的听众时，就要使用特称。如"董事长""总经理""尊贵的客人们""在座的各位老师""尊敬的教练""各位评委""未来的工程师们""尊敬的白衣天使""可爱的小朋友们""祖国的卫士们"等。

在一般情况下可运用"朋友们"的称呼。当你没有了解听众的具体情况时不要乱用特称，以免喊错对象而闹出笑话。当你很清楚听众的职业、年龄等情况时最好运用特指称谓，这样显得亲近些，听众也有一种受尊重感。除此之外，称谓可用在开头和结尾处，也可用在感情高潮处，但必须是该用时用，不能随意乱用，更不能没完没了。

2. 和听众互动

一种肯定能够活跃气氛的方法就是互动。演讲者如果挑选听众来协助自己展示某个论点，或将某个意念戏剧化地表现出来时，听众的注意便会显著地增加。演讲者可以在演讲的过程中告诉听众：如果他们有什么问题，可以随时提问。要让听众相信：在接下来的演讲时间里，他们是可以和你互动的，并且你将在这段时间内，竭尽所能地帮助他们解答疑惑。

当真的有听众和演讲者互动时，其他的听众就会更加专注于演讲者讲话。为什么呢？因为当某位听众被演讲者带入"表演"中时，所有听众便会敏锐地感知所发生的事，即使像许多演讲者说的，讲台上的人和讲台下的人之间隔着一堵墙，那么利用听众的参与，也是可以推翻这堵墙的。

在大多数情况下，给自己和听众互动的机会都可以取得良好效果。这可以让演讲变得不那么死板，听众可以自由抒发自己的感想。经过专业测试，得出的结论是：绝大多数时间，听众们都对有人愿意

第一章
做好功课"轻"装上阵:演说家日程准备

花时间对他们关心的问题进行演说表示感激。

3. 迎合听众兴趣

听众感兴趣,是因为你的谈话内容与他们有关,与他们的兴趣有关,与他们的问题有关。你若能与听众最感兴趣的事情取得联系,也就是与听众本身取得了联系,由此可以紧紧抓住听众的注意力,并能保证沟通畅通无阻。

所以,演讲前应该问问自己:演讲内容里的知识是否能够帮听众解决问题,实现他们的目标?如果答案肯定,那就大胆说给他们听,这样就必定能获得他们的全部注意力。如果你是个畅销书作者,你在开场白里这样说"我现在要告诉你们,我是如何写出这本畅销书的";或者你是律师,你告诉听众如何通过官司获得应有的尊严,你一定会赢得一群全神贯注的听众。

为什么很多演讲者,最后都没办法成为一个演讲好手?其实主要的原因还是在于他们自己,因为他们只会说一些自己感兴趣的事情。而这些事情,对听众而言可能一点意思都没有,听你讲只会觉得乏味无聊。

4. 融入听众之中

演讲者要想自己尽快被听众所接受,那么最好是一张口说话便指出自己与听众之间有某种直接的关系。如果觉得自己很荣幸能被邀发表演讲,那就把自己真实的想法告诉听众,这会很快赢得友谊。

再有一种方式便是使用听众中的人名,以友好的方式提到他们,如"我之所以取得这么好的成绩,与××对我的关怀帮助分不开",或是"××女士曾说过,她可能当时并未在意,但这句话对我的触动非常之大"。这不仅会使被提到名字的人脸上现出愉悦,其他听众也会对你产生好感。

除此之外，还有另外一个法子可以使听众的注意力保持在高潮状态，那就是采用第二人称"你"，而不是用第三人称"他"。这种方式可以让听众感觉你在说他们自己的事情，这种身临其境的感觉会让他们变得更专注。

8

应急策略：保证上台演讲不慌张

俗话说："智者千虑，必有一失。"演讲者在演讲中出现失误是在所难免的，诸如忘了演讲词，或念错词了，或讲漏了，或上台时不小心摔了一跤，或绊倒了东西，或被听众发现衣服纽扣扣错了，等等，这都是常有的事。

很多演讲者在出现失误之后，就开始显得慌慌张张、不知所措，甚至有的演讲者还会大脑一片空白，不知道如何为自己圆场。这样的状况如果发生，只会让你一错再错下去，如果主持人不能够及时出来为你解围，局面会变得更加难以收拾。

演讲者凭借临时发挥解决问题，并不靠谱。所以，演讲者可以在演讲之前对演讲中临时突发的一些状况做一些详细的了解，并找到合适的应对方式。这样能够保证演讲者在真的有事情发生的时候，能做到镇定自若，急中生智，灵活应对。

1. 忘了演讲词时的补救措施

演讲中如果忘了演讲词，演讲者千万别让自己"卡壳"时间太久，而应强使自己集中思想，争取在两三秒之内回忆忘掉的词语。实在想不起来，可根据原来的意思另换词语，或者干脆另起一行，将下一段内容提上来讲。

2. 出现遗漏或说错词、讲错话时的补救措施

演讲时如果出现遗漏或念错词、讲错话的失误，演讲者最好能够悄悄改过，不露痕迹。比如，发现自己漏讲了某一点、某一段，可以随后补上，不必声张；念错某个字词，或讲错某句话，也可以及时纠正，或在第二次出现时纠正。万一听众发现了你的错误，也不要紧，演讲者不妨将错就错，自圆其说。在这方面，表演艺术家有许多成功的经验可以借鉴。

例如，著名相声演员马季有一次到湖北黄石市演出。在他表演前，有位演员错把"黄石市"说成了"黄石县"，引起了观众的哄笑。到马季登台表演时，他张口就说："今天，我们有幸来到黄石省演出……"这回听众不笑了，而是窃窃私语，怎么回事，连你也错吗？这时，马季解释道："方才，我们的一位演员把黄石市说成县，降了一级。我在这里当然要说成省，给提上一级。这样一降一提，哈！就平啦！"几句话博得全场观众热烈的掌声和笑声。马季机智巧妙地圆了场，使演出得以顺利进行。

弹唱家马如飞在一次表演时，不慎将"丫环移步出了房"唱成了"移步出了窗"。听众听后哄堂大笑。马如飞知道唱错了，但他不慌不忙，镇定自如地补上了一句："到阳台去晒衣裳。"听众一听这巧妙的补白，报以热烈的掌声。谁知一疏忽，他又把"六扇长窗开四扇"唱成了"六扇长窗开八扇"，这时观众不再喧哗了，静静听着他如何补漏。马如飞依然不慌不忙，他以丰富的舞台经验继续唱道："还有两扇未曾装。"台下顿时掌声满堂。

做好功课"轻"装上阵：演说家日程准备

演讲者如果出现类似失误，完全可以借鉴这种补救的做法。例如，上海市某高校有一位同学做演讲时，想用一段诗作为开场白："浓浓的酒，醇醇的……"，但他一上台就念成了"酒"，将"浓浓的"漏掉了。他灵机一动，将错就错，干脆将诗改成："酒——浓浓的、醇醇的……"听众对他的妙改报以热烈的掌声。

3. 出现跌倒或扣错扣子等失误时的补救措施

上台演讲时不小心跌倒了，或听众发笑时才发现自己衣服扣子扣错了，或拉链没拉好，或帽子戴歪了……遇到这种情形，演讲者多半会感到尴尬。笨拙的化解方法是，演讲者可以跟着听众一起笑，在笑声中恢复常态，对此听众一般是不会介意你的失误的。高明的化解方法，当然是演讲者能够借事发挥，说几句巧妙的开场白。

例如，曾有一位演讲者步上讲台时，不慎被话筒线绊倒了。当时台下听众发出了一片唏嘘声和倒掌声，气氛降到了零点。这位演讲者爬起来后，不慌不忙地走到话筒前，微笑着对听众说："同志们，我确实为大家的热情倾倒了！谢谢！"顿时，全场响起了热烈的掌声，大家都为他这绝妙的应变和开场白喝彩。又如，获得第25届奥斯卡最佳女主角的雪莉·布恩（Shirley Booth）上台领奖，由于跑得太急，上台阶时绊了一下，差点摔倒。她在致辞时说道："我经历了漫长的艰苦跋涉，才到达这事业的高峰。"这句应变的开场白简直妙不可言。她将上台领奖遇到的挫折与拍电影历经的艰辛巧妙地结合在一起，既揭示了达到事业顶峰的真谛，同时又化解了摔跤的尴尬，可谓一举两得。

4. 被听众突然质疑时的补救策略

每个人都有自己的想法，台下的听众自然也不例外，如果你的演讲观点并不为听众所认可，甚至有听众当场向你提出异议，这个时候你该如何应对呢？首先，先不要否定对方的观点，这样会引起听众的反感，接下来你就没有办法安抚好他的情绪了，甚至有可能他还会煽动其他的听众一同站到你的对立面，这样的结果，一定不是你想要看到的。

那么，具体怎么做才合适呢？你可以先对他微笑，之后这样对他说："你能提出异议说明你在认真听我的演讲，对此我非常感谢。当然，对于同一个问题，每个人都会有自己的看法，我很愿意和你交流，不过今天演讲的时间有限，为了不耽误其他演讲者和听众的时间，我们可以保留各自的意见，私下里再讨论，不知你是否同意呢？"这个时候，听众为了不耽误其他演讲者的时间，大都会选择同意，这样你就巧妙地把这件事情给解决了。

导师语录

当演讲者走上舞台,就要学会把自己变成听众最亲密无间的朋友,而不是显现自己过于专业或是优越感极强。

许多演讲者,为了追求难以企及的完美,提前背诵演讲稿。然而,死记硬背只会起到相反的作用。

在演讲中,如果你不能为听众充分考虑的话,你的演讲也难以取得成功。

紧张其实没有什么可羞耻的,尤其是在几百位,甚至上千位期待最好的演讲的听众面前。

开场如果能把听众带入到你设计好的特定情景中,这会让你的演讲在第一时间和听众建立起私密的情感纽带。

演讲者要注意言辞的表达,切忌凌驾于听众之上,这会给听众带来反感的感觉。

"王婆卖瓜,自卖自夸"的事情不要发生在舞台上,如有必要,可以配合你的搭档来为你进行宣传。

演讲者不能单凭记住演讲稿就能出色完成演讲。我们需要在熟记稿件的基础上,排练再排练。

开场白是演讲者送给听众的见面礼,如果这个见面礼让听众无动于衷或者反感,那么演讲败局已定。

演讲者要擅用惊人的事实,可以惊醒听众的白日梦,抓住他们的注意力。

· 第二章 ·

内容布局：要讲什么给观众听

明确演讲主题，合理安排演讲内容，是每一个演讲者都要去做的事情。只有知道要给听众讲什么内容，才知道自己怎样去讲。当然在进行演讲内容布局之前，演讲者必须提前了解自己的听众，因为只有充分了解他们，知道他们想要听的内容，才能有目的地设计演讲内容，从而获得最佳的演讲效果。

——卓越商业导师 苏学锋

内容布局：要讲什么给观众听

1 是什么决定了你的讲题

在进行一次演讲之前，演讲者必须做好充足的准备，首要一条就是要明确自己演讲的主题。那么，到底是什么决定了你的演讲主题呢？下面，我们来依次分析五个要素，看看它们对于演讲起到了什么样的作用和意义：

1. 目的（你为什么要演讲？）

在上台演讲前，演讲者必须搞清楚自己演讲的目的是什么，也就是要明白自己到底是为了什么去演讲。这个目的应当越清晰越好，如果演讲者的目的不够明确，或者比较杂乱的话，往往在演讲的时候会使自己东拉西扯，使听众不知所云。演讲作为一种现实的社会性活动，其目的可用一句话来描述，即争取最大限度的"共鸣性"。

2. 听众（对什么人演讲？）

所谓"知己知彼，百战不殆"，在演讲之前，演讲者必须要了解自己将要面对的听众，他们的文化水平、思想修养、职业特点、阅历、心理和愿望，只有充分掌握了听众的基本信息，你才能真正开始去准备自己的演讲内容！要学会选择那些适合演讲听众的实际论题。如果不考虑演讲者的年龄、身份、气质、能力等，其论题再好，也无法办好一次演讲。

3. 时间（什么时间演讲？）

确定好演讲的时间，对演讲者而言有两方面的好处：一方面，可以根据演讲的时间来提前安排好自己的行程，以免造成迟到或其他意外事件影响演讲的现象；另一方面，我们可以根据所给予演讲时间的长短来准备自己的演讲内容，以免到时出现讲不完或者是提前讲完的现象。

4. 地点（在哪里演讲？）

确定演讲地点，和确定演讲时间拥有一个相同的好处，就是可以提前安排好自己的行程，有一些演员、作家或是四处奔波的演讲家对这一方面都比较注重，因为他们的行程较满。其次，确定好演讲地点，就可以根据演讲地点，在演讲的过程中，融入一些和当地相关的话题，这样更容易拉近与听众之间的距离。

5. 身份（用什么立场演讲？）

有很多演讲者，在社会上拥有各式各样的身份，并且这些身份之间可能无半点关系。除此之外，不同会议上的演讲也带有不一样的身份，在登上演讲舞台之前，演讲者必须明确自己的身份定位，才知道如何更好地确定自己的演讲主题，以及用何种方式去和台下的听众进行交流、互动。

内容布局：要讲什么给观众听

2 搜集演讲资料：演讲准备第一步

当演讲者已经确定好自己要讲什么主题之后，下一步就要开始为自己的演讲准备可用的资料了。一般演讲选材都必须保证以下四点：切合主题，选材新颖，内容典型，针对性强。

演讲材料选择的大致范围确定以后，还要注意选择精炼的演讲材料。除了做到以上四点，选择精炼材料还要遵循一定的标准，那就是：演讲必须选用与听众地理上接近、心理上相容的材料才容易产生效果。

为什么要选用与听众地理上接近的材料？根据心理学家的研究，人们对身边发生的事的关注远比对身外发生的事的关注要强烈得多。因此，要使自己的演讲引起听众的强烈关注，演讲者一定要善于选用与听众地理上接近的材料。至于为什么要选用听众心理上相容的材料？这是因为演讲是一种实用性强的宣传活动，许多以号召听众行动为目的的演讲都需要迅速发生效果，立竿见影。要达到这一目的，选用听众心理上相容的材料尤为重要。

有个教授，他准备给一家医院的糖尿病病人进行一次演讲，鼓励他们更好地去面对生活。他引用了中国有关糖尿病的统计数据，列出了糖尿病的各种症状，然后讲如何对付这种病。他演讲中的每个阶段都通过他在网络上找到的文章和视频，甚至是周围朋友的亲身经历来解释自己的观点。

下面是他演讲的一部分："自从我的朋友得了糖尿病之后，给他生活带来了很多麻烦。他告诉我说，他已经尽了最大努力使糖尿病不去影响他的生活方式。前年他花了7个月时间去中南美洲旅行。那次旅行令他特别难忘，但是他也有一次可怕的经历。这次经历一定会让大家明白，糖尿病人是多么的脆弱。在巴西的亚马逊河上，他和队友计划游览两个星期，可到了第七天时，他们的独木舟翻了，所有东西全部都掉进了河里。虽然他的背包找回来了，但有些东西已经丢失了，包括他的胰岛素。没有胰岛素他就不可能吃任何东西。如果吃东西的话，他的血糖水平会马上升得很高，接着会痉挛起来，然后昏迷，最后死掉。他们沿着亚马逊河后撤，走了三天才到了第一个村庄，到了那里他才通过电话得到更多的药品。他又热又饿，最后他还是活了下来。他和我讲述这些事情的时候，眼泛泪花，我能感受到他是那么痛苦。"这篇演讲有故事有感情。演讲人利用网络素材和身边朋友的经历传达了他的想法。

上面的演讲就充分利用了地理相容和心理相容的材料，这个教授不仅列举出了中国有关糖尿病的统计数据，还讲述了身边一个患有糖尿病的朋友的事例，这让那些患有糖尿病的听众产生亲近的感觉，并且患有糖尿病的痛苦，让他们感同身受！因此那一次演讲举办得非常

内容布局：要讲什么给观众听

成功！

记住：演讲材料的收集和选择是一个问题的两个方面，二者相辅相成，缺一不可。虽有先后之分，却无轻重之说。对此，演讲者应该切实地重视起来。下面，让我们来具体分析一下，如何收集演讲素材，才能在现场调动听众的情绪、吸引听众的注意力，从而达到晓之以理、动之以情的效果。演讲者可以根据以下几点要求来准备自己的演讲素材：

（1）要根据不同场合、不同听众的具体特点、兴趣和爱好选择使用不同的材料。

（2）要根据听众的文化程度，把材料具体化、形象化，多选择听众能看到、听到、感觉到的材料。

（3）要选择符合听众心理和要求的材料，尽量使这些材料和听众的切身利益结合起来。

（4）要选择那些能给听众指明方向，能够教会听众行动的手段和方法的材料。

（5）要选择那些正确、准确、科学性强的材料，使听众相信和服从。

（6）要根据自身的特点，选取那些自己熟悉的、适合自己身份的材料，这样才能将主题表达得充分而深刻。在演讲时才能胸有成竹，具有说服力。

3

自我介绍：让听众为你喝彩

作为一名演讲者，即便演讲之前花费了很多心思去了解自己的听众，但是在登上舞台之后，难免还是会和听众有些生疏。毕竟你了解过听众，但是听众或许根本不了解你！况且每一个听众都是不一样的，所以你和听众之间必定会有一定距离，这也就要求你必须在开讲之前，迅速拉近与大家的距离，从而获得听众的认同，进而使他们对你和你讲的东西感兴趣！这是每一位演讲者必须要做的，而消除距离，拉近感情的最佳方式就是自我介绍。

一个演讲者的自我介绍，将决定听众对他的印象，因此掌握一些自我介绍的技巧，是演讲者的必修课之一。自我介绍最基本的要求是大方得体，根据具体情况安排自我介绍的内容。最常见的自我介绍的方式是报上姓甚名谁、家住何方等等。但你有没有发现：这样的自我介绍太过干瘪无力，没有人会对这样的自我介绍感兴趣的！所以很难给台下的听众留下深刻的印象。

陈南是一个个子不高、戴着眼镜的电视节目主持人。他在向大家介绍自己时是这样说的："单看咱这形象，不如在电视中那么闪闪

内容布局：要讲什么给观众听

发亮，眼不大还有点近视，但这丝毫不影响我的睿智与远见；耳朵虽小，更提醒我要耐心倾听观众的心声；嘴巴也不气派，正说明我不夸夸其谈，唢呐和号角的孔都不大，但同样能怒吼与呐喊；个子虽然矮小了点，可潘长江先生说过：'浓缩的都是精华。'有人说缺点在一定条件下也会成为优点，这话难免有些夸张，但'缺点在一定条件下会成为特色'则是毋庸置疑的。"

还有一次在社群的聚会上，由于大部分人是第一次见面，陈南这样自我介绍："我喜欢写诗，可写不过舒婷；我喜欢唱歌，可唱不过毛阿敏；我喜欢主持节目，她俩可能比不过我……"这么一说，就会使别人感到他颇为幽默。

第一次自我介绍，陈南没有使用"老掉牙"的方式来介绍自己，而是借自嘲容貌的方式，把一个形象生动、个性鲜明的自己推到了听者面前，自然让人对他一见难忘。第二次社群聚会上的自我介绍，陈南巧妙地把自己与名人相比，既凸显了自身的才能，又凸显了自身语言幽默的特点，一瞬间就博得了大家的好感。所以，这两次都是十分出众的自我介绍。

下面，让我们来看看自我介绍具体分为几点？都要介绍什么呢？

第一点：让别人了解你、认识你，知道你是谁。讲一下自己的过去和现在，讲一下自己的成绩。（自我介绍要介绍自己的名字，但是一定不能把名字介绍得太繁琐，这样会使听众在记住你名字的同时忘记你本身是谁。）

第二点：为什么要听你说。作为一个演讲者必须要给听众一个理由，让他们持续关注你讲话。要么你演讲的内容，对他们有益处；要么你演讲的内容，能使他们感到开心；要么你演讲的内容，能够引发他们的思考。

第三点：让听众知道你所讲的就是他所关心的，你所讲的就是他所需要的。只有让听众对你所讲的话感兴趣，他们才会专心听下去，你的演讲最终才能得到一个好的效果。否则，不能吸引听众的演讲就是失败的。

第四点：加强听众对自己的信任。信任有时需要借助周围工具，比如，已听过演讲的听众帮助你做出的宣传、传播。不需要"王婆卖瓜，自卖自夸"，因为很多时候，你自身说得再好也不能让听众信服，说得越天花乱坠，越会让听众感觉你是骗子。

一个没有魅力的自我介绍，会顿时消减听众的热情，甚至他们还会对演讲者的能力和水平产生怀疑！除此之外，在演讲过程中，如有必要的时候，演讲者或许还得再一次自报家门。所以，要想让听众在初次见面的时候就对你产生深刻的印象，你的自我介绍就必须独具特色，彰显个性。这也是优秀演讲者必须做到的一点。

第二章
内容布局：要讲什么给观众听

4
演讲家：一个"故事大王"的诞生

一场演讲，如果所有的内容都是一些理论上的概念，那么一定会令人觉得枯燥无味，如果演讲者能够在其中巧妙地加入一些生动的故事，演讲就会瞬间变得丰富而有趣。但凡经验丰富的演讲者，总是喜欢在生活中、工作中去收集一些有意义的故事，然后去一个新地方进行演说，他们更是希望留出点时间跟当地人聊聊，说说过去，谈谈现在，再进行演说。

一篇名为《生命中最重要的》的演讲稿中就讲述了"仙女送礼"的寓言故事，很有哲理：

三个仙女飞过一座王宫时，看到一个正在熟睡的可爱的小王子。一个仙女说："他太惹人爱了，我们每人送他一件礼物吧。"

于是，一个仙女送给他健康，一个仙女送给他智慧。第三个仙女说："有了健康的身体，他可以享受人生的财富和爱情；有了智慧，他可以治理好国家。我觉得我应该送给他一颗像鹰一样渴望高翔的心。只有这样，他才能充满进取精神，才能有永不满足现状的灵魂；也只有在不断进取中，健康和智慧才能成为两只有力的翅膀，使他不断向更高远的地方飞翔。

  同学们，我们就是那王子，只要我们能在高贵心灵的引导下无所畏惧地前进，有一天，必将会成为伟大的"王者"！

  饱含哲思的故事可以点亮心灵睿智之灯，开启智慧宝库之门。在演讲中运用生动活泼的哲思故事，通过对故事蕴含的哲理进行阐述、挖掘和升华，启迪听众思考。本篇演讲所讲述的哲理故事很有启发意义，用三个仙女分送的礼物提出：健康可以使人好好生活；智慧可以改善处境；而一颗渴求高飞的进取之心，会让人取得很大成就。生动的故事比空讲一番道理更有说服力，更好地彰显了演讲主题。

  通过上述实例，我们可以看出，在演讲中恰如其分地运用故事作为素材，可以使演讲具有更强的说服力和感染力，进而更好地彰显主题，根据不同表达需要讲不同的故事，可以更好地走进听众，为我们的演讲锦上添花。但想要收获完美的效果，光是这样还不够，演讲者所选择的案例必须和演讲的主题有关系。最关键的是：引用故事的时候，还得在适当的时机，巧妙地过渡到主题上来。

  当年，林肯还是一名律师的时候。有一天，一位年老的妇人找到他，哭着跟他说自己被欺负了。这位老妇人的丈夫，原是独立战争时一位战士，不幸牺牲了。这些年，她都依靠着抚恤金生活。可就在不久前，出纳员竟然要挟她，非要她交一笔手续费，她若不答应，就不给她抚恤金。这笔手续费很高，差不多是抚恤金的一半。

  事情很明显，出纳员就是想要勒索老妇人。林肯协助老妇人，把那名出纳员告上了法庭。然而在法庭上，出纳员却不承认，说自己没

第二章
内容布局：要讲什么给观众听

有对老妇人进行过勒索。因为拿不出实在的证据，当时的情况对老妇人很不利。轮到林肯辩护的时候，座席上很多人都盯着他，想看看他有什么办法来扭转不利的局面。

林肯开始辩护了，他的声音抑扬顿挫。不过，他没有直接说本案，而是含着眼泪说起美国独立战争。他讲述那些爱国的战士冒着严寒，忍着饥饿，与敌人做斗争的故事。他动情地说："现在，历史已经永远成为过去，而英雄们也已经入土为安。然而，他们的遗孀还活着，此刻就站在我们面前，要求我们替她申诉。很多年以前，她也是一位美丽的女子，也有着温馨幸福的生活，可是，战争和岁月夺走了这一切，她现在贫苦艰难，无依无靠，唯一的指望就是革命先烈用鲜血和生命争取来的那一点援助和保护。试问，我们可以置之不理吗？"

他没有继续再说什么。可在场的人都被感动了，甚至有人当场表示，要给老妇人捐助。在这样的情况下，法庭做出合理的判决，老妇人也成功拿到了应得的抚恤金。如果仅仅依靠善良和同情，林肯未必能够打赢这场官司。可他很机智，把在场的所有人都引入了对自己有利的局面中，利用人们对和平的珍惜和对遗孀的同情，最终赢得了辩护的胜利。

由此可见，演讲者在演讲时，最好提出几条大纲，多说说人们的奋斗史和成功的经验。因为这样的话题，多数人都会感兴趣，并且他们还会因为这些故事而得到激励。如果演讲者能讲述一篇饶有趣味的人生故事，还能给听众带来有益的启示，那就更好了。通常自己励志的故事更能够走进听众的心，因为比起那些听众都见不到的名人而言,他们可能会觉得眼前的你更为实际一些,会增加真实感。

不过,演讲者想要讲故事的时候,必须注意一点:不是所有的故事都能够吸引听众的兴趣,很多演讲者为什么讲故事讲砸了,就是因为他们讲的故事,听众并不感兴趣,甚至还会觉得讲这样故事的人很没有水平。想要真正吸引听众的注意力,所讲述的故事就不能太过于直白,而是要把故事说得扣人心弦,曲折动人。这种设置悬念的故事技巧,绝对可以引发听众的兴趣。

内容布局：要讲什么给观众听

5 一个完美的 PPT 展示

很多没有做过PPT演讲稿的人，在准备PPT的时候都是一头雾水。生活中，我们最常见的现象是：打开PPT软件之后，没有思考整个脉络，就开始制作了！这样的结果可想而知，很可能造成排版混乱，逻辑不清！一个优秀的演讲者，一定要学会先理清思路，想清楚究竟怎么做之后再去动手制作演讲PPT。

在制作演讲PPT之前，演讲者必须要明确一点：究竟什么是演讲PPT？我们常常把PPT笼统地分为阅读型和演讲型，那么这二者之间到底有什么区别呢？简单地说，前者字多后者字少。阅读型PPT想要达到的效果是不需要人为描述的，听众在看完PPT之后，就能了解到所有想要传递的信息，主要是以PPT本身的内容为主；而演讲型PPT的重点则在于演讲者本身，PPT只是作为一个辅助工具，起的是"提纲挈领"的作用。

因此，优秀的演讲者从来不会在演讲PPT中看到大段大段的文字。他们知道：PPT中所有的图片、文字、视频都在为自己服务。因此，PPT的制作中一定要遵循简洁、清晰的原则，这个观点大家一定要明确。逻辑顺序对于演讲类的PPT而言有着非常重要的作用，如何才能使演讲者想表达的观点被听众所接受？是PPT做得好看吗？有一点关系。但更重要的是演讲者的整个思维逻辑，因此在制作之前，演讲者一定要把PPT的逻辑和脉络处理好。

一个完美的PPT演示，能够提高演讲者的档次，有的演讲者因为PPT做得足够好，被听众拍手称赞，这也算是演讲者的另一门才艺展示，会给演讲侧面加分。下面是制作PPT的时候，必须严格注意的几点要求：

1. 主题突出、内容正确。演讲者制作出的PPT内容一定要突出重点，因为PPT属于演讲中的辅助型工具，而不是发给听众的讲义，它只起一个提纲挈领的作用。所以一眼让听众看明白，是一个优秀PPT应该具备的。

2. 内容和画面与主题契合。幻灯片要与图片、照片、文字材料等相配合，同时又一定要与主题吻合。很多时候，演讲者不会搭配文字和图片，结果给听众造成不良的视觉效果，从而降低了演讲的档次。

3. 文字简洁清晰，色彩鲜艳和谐。一张幻灯片不要挤入太多的字，每张幻灯片上最多可出现20到25个字。同一张幻灯片上出现的颜色最好不要超过三种，颜色不要过于鲜艳，应注意色彩的合理组合，保持一种柔和度。

4. 可以使用列举、比较、图表、数字等多种方法，达到言简、直观的效果。有句话说得好：文不如数，数不如表，表不如图。恰当地使用这些元素，会让听众更清晰地了解演讲者所要表达的内容。

5. 一定要注意PPT的排版原则。一个优秀的PPT包含了以下四个排版原则：亲密（相关联的元素要亲密排列）、对比（如果元素不相同，就要有突出、有比较）、对齐（每个元素都要与页面其他元素有视觉联系）、重复（视觉元素要学会重复，保持风格统一）。

内容布局：要讲什么给观众听

6
勿要"照本宣科"，拉低演讲水平

演讲要求内容丰富、生动、全面、准确，在表达过程中要显得波澜起伏，跌宕多姿，逐渐形成全场激动的场面，使听众心驰神往，惊叹不已。要达到这种境地，显然不是照本宣科式地念讲稿所能奏效的。想要达到掌控全场的效果，演讲者就必须娴熟地掌握演讲内容，如果因为怕失误，而选择照稿念，到最后演讲者往往会顾此失彼。

在一家大型集团公司里，曾经发生过这样一件事：

这家公司的行政总裁迈步走上讲坛，先向听众致欢迎词，然后喝口水，清清嗓子。接着，他打开记事本，将讲稿从头到尾一字不落地读起来。这一幕，瞬间让台下的听众愣住了，他们想象不到一个集团公司的行政总裁居然还要拿稿子讲话。

听众禁不住议论纷纷："我干嘛挤出时间来听这家伙讲话？""这人哪像行政总裁？他好像不知所云""他再讲下去，我都快要睡着了！真不知道他在讲什么""他并不怎么关心听众的感受"。结果行政总裁还没讲完，听众的目光都涣散了，还有一部分人已经打起了瞌睡。这个行政总裁下台来的时候，觉得自己尴尬极了。

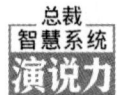

为什么拿着演讲稿去读会出现这样的结果？其实我们可以这么分析一下：如果演讲者顾着讲稿，就一定顾不了听众的反应，更谈不上用丰富的表情和形象的动作与演讲内容协调配合，演讲当然无法生动形象。这样做，听众会无形中降低对演讲者的信任感，减少对演讲的注意力和重视度，形成冷场现象，甚至骚动轰场。

因此，这就要求演讲者不能只当一个念稿子的机器，一定要学会脱稿演讲。可能最开始的时候，你会觉得很难，但其实只要熟悉演讲稿的结构和脉络，提前列好提纲，多多进行演练，就能够达到脱稿的效果。当你真正掌握了演讲稿的核心，并且能轻松自如地向在场的听众表达这些的时候，也就能够自然地组织几次高潮，像磁石般牢牢地吸引住听众。

2007年10月，身为特奥主席的蒂姆·施莱佛有一次款步登台，一上来就先声夺人，高八度、快半拍呈喷射状的语流让人差点误以为是NBA的解说员来此走穴。他并没有照本宣科，讲稿在手可一上台开腔就基本脱稿了，自始至终目光炯炯扫视全场，并在"大炮"机位给特写时，懂得把最灿烂的笑容留给了镜头。

在答谢了在座的中方领导后，他话锋一转着重对特奥的全体运动员送上赞美，令人叫绝的是他没有泛泛地以"全体运动员们"来指代其整体，而是一口气把本届运动会全体运动员按照比赛内容的类目全部点名。话毕，全场掌声雷动。更为可贵的是，在特奥这一体现对弱势群体关怀的秀场上，铭记每一项运动项目，随口道来如数家珍，不仅体现出对智力有缺陷人士成果的真正尊重，更显出作为特奥主席的权威性，为自己加分。

内容布局：要讲什么给观众听

蒂姆·施莱佛还善用设问排比，极大地调动起听众的情绪，达至共鸣——"如果有人质疑人性的精神，那就让他们到上海来看看。在这座城市里，特奥运动员用自己的实际行动证明：不再有国家之别，不再有疆界之分，不再有恐惧之忧。你们努力竞赛，顽强拼搏，但你们不是为了'我'而是为了'我们'在比赛。运动员们，你们的行动证明了：我们可以摒弃纷争，共享欢乐。"这段话说得极为煽情。最后结词短促好如"豹尾"，且人家就敢现炒现卖，一句汉语的号召"我们看到了力量，让我们一起传播！"说得虽蹩脚，却收到了增进异国观众好感的奇效。

一场吸引人的演讲，一定不会依赖念稿！因为毫无情感地念稿，无法让演讲者获得真正的安全感。而且，凭借讲稿或细致有加的提纲，常常会限制演讲者的灵活变通能力。要是在演讲的途中突发意外，就会反应不及，不知如何处理。

举一个例子：如果你正参加一个小组讨论会，你早已准备好满篇文章，准备上场发言，可时间却所剩无几，这个时候你可能就会陷入混乱，不知如何组织语言，简化你的演讲。最糟糕的是，一旦现场有人提问打断或话题岔开，你通常很难再整回思路，接着原来的话题讲下去。所以，请避免照本宣科的演讲，提前做好准备是你最好的选择。

7
互动交流：如何和听众"玩"起来

如果演讲者已经进行过细致的听众分析，根据这个结果选取一些听众感觉亲切或熟悉的东西加到自己的演讲之中，来吸引他们的注意力，这可以为自己的演讲添色不少。但是在演讲开始之后，总是还有机会根据现场听众的情况进行调整。如果有了更合适的东西替换自己已经准备好的，那么不要犹豫，不要觉得可惜。

当场验证崇尚"自然疗法"的杨奕大师，曾在电视上频频亮相，被老百姓大加追捧，拥有了大批忠实"粉丝"，一个一向不为老百姓所熟知的针灸推拿师为什么在短时间内如此深入人心，被百姓大加推崇呢？除了她精湛的医术外，主要得力于她独特的演讲艺术。

在一次《拍手病自除》的演讲中，杨奕语出惊人，她说："通过拍掌的声音就可以分辨出身体的疾病。"此语一出，全场哗然，窃窃私语声四起。面对这种状况，杨大师感觉到了听众的质疑，立即说："那好，现在请五位听众上台来拍手，我通过他们的掌声来断定他们身体的健康状况。"此语一出，全场沸腾，大家都跃跃欲试。面对被随即抽选的五位观众的掌声，杨大师给出了自己的判断："这

内容布局：要讲什么给观众听

位朋友掌声软弱无力，身体性寒，这位朋友掌声厚重，可能腰腿有问题……"五位被选听众对杨大师的判断啧啧称奇，连连称是。

在讲述第二个问题"手掌透露健康密码"时，为了说明通过手掌就可以判断身体的疾病，杨大师同样采用了让听众上台现场为他们诊断的方法。"这位听众的食指向内弯曲，你的母亲可能身体不好；这位朋友的大鱼际（手掌下方靠近大拇指处）有许多青筋，我来按一下，疼不疼？（该听众疼得弯下腰）那你的心脏不好，心律不齐……"几位被抽选的听众对杨大师判断的肯定让场上的气氛异常热烈，听众们怀着无比虔诚的心态去倾听杨奕后面的演说，唯恐漏掉一个字，有的甚至拿出了纸笔。杨奕大师的演讲之所以备受欢迎，就在于她利用了人们"耳听为虚，眼见为实""看广告不如看疗效"的心理，她让听众当场验证自己的理论，从而增强了演说内容的说服力。

下面是演讲者可以进行尝试和观众进行互动的方法：

1. 提及现场的细节或共同体验过的某一事件

赋予自己的听众一种积极参与而不是被动接受的角色。即使演讲时，只有你一个人在说话，你仍然可以激发听众产生一种互动的感觉。采用听众参与的办法，合适的话可以请他们举手，请他们举例，请他们回答问题。

举例：在座的各位有多少人今天吃了早饭？啊，我看见你们大约有一半人举起了手。这位朋友，你吃了什么？猪肉加鸡蛋。那边那位，你吃了什么？咖啡和面包圈。我听到还有果汁和烤肉、奶昔、奶酪和酸奶。有没有人考虑过这个问题——不吃早饭就去上学的小学生占多大比例？

如果你不希望放弃自己的主导地位，或者出于其他原因听众开放式参与显然不切实际，你仍然可以使听众保持在思想上积极参与：提出反问，请听众在脑海中设想你举的例子，观察他们的非语言反馈并做出答复。

2. 提及在场的听众的姓名

用听众切身体验的内容替换你原来的支持材料。在演讲前你往往有机会见到几位听众，以这些听众为例往往效果非常好。如果你可以说"假如某某女士的硬件公司发展非常迅速，她决定争取一笔贷款来扩大商店的规模"，为什么还要说"假设一位生意人希望得到一笔贷款"呢？

3. 提及主持人或其他发言人

听取演讲会场主持人有哪些评论，以及在你之前其他人发表的演讲内容。这样你可以答复别人的称赞，开个玩笑，或者最好在他们的演讲内容与你的演讲内容之间建立有机的联系。

比如，演讲课上一位聪明的成员可能会在演讲中补充如下内容：

现在我们已经分析了企业家无法身心解放的原因，让我们看看实现身心解放的四种方法具体是什么？第一种是学会使用有能力人的能力。现在很多中小企业家每天都忙得不亦乐乎，根本没时间做别的事。就像刚才李老板说的一样，他每天都……

以上这三种方式，都可以帮助演讲者和听众进行互动。不过要注意的是：每一个观众都是与众不同的，因此互动也有一定的风险。当你让某位观众发言时，你就相当于给了他一定的地位和权力。但是好处总是大于坏处的，和台下的听众产生积极良好的互动，他们便会给你他们的关注和激情，这些远比你给他们的权限更丰厚。就算没有人回应你提的问题，人们也会关注这份寂静，而不是你一个人在台上讲，下面鸦雀无声。不管是什么原因，此时的你又赢得了听众的关注。

第二章
内容布局:要讲什么给观众听

8

给演讲打造一个漂亮的结尾

拿破仑说:"决定战争胜败的关键,往往在于最后五秒钟。"而演讲的结尾部分也是非常重要的。没有好的结尾,演讲就好似光开花不结果。演讲结尾应该简洁,富有意味,有话则长,无话则短。行之有效的结束语,往往能把气氛再次推向高潮,唤起听众的共鸣,给听众留下深刻的印象。

由此可见,演讲结尾和演讲开头一样重要。如果演讲的开头和高潮都很精彩,结尾又出人意料,耐人寻味,则是锦上添花,给人以美的享受。因此,每一位演讲者在准备演讲的结束用语时,都应想到如何构筑一个高峰和顶峰的问题。

下面,我们来看一则演讲稿:

1946年,李公朴、闻一多先生相继遇害后,重庆市6000多民众举行了隆重的追悼大会。闻一多先生的三公子、14岁的闻立鹏代表家属致答词。闻立鹏满怀悲愤的凭吊演讲,多次被群众的哭声、掌声和口号声所打断。

闻立鹏最后说:"我爸爸被杀死了,有人造谣,说是共产党杀死的,是什么地方人士杀死的,还有的人说是爸爸的朋友杀死的。我奇怪他们为什么不痛快地说,是我哥哥把我爸爸杀死的!(群众愤怒到了极点,掌声震耳欲聋)我爸爸死了半月了,现在还没有捉到凶手,现在我要求大家援助我,我们要求取消特务组织!"全场爆发出"我们要求取消特务组织"的怒吼声。

闻立鹏的演讲结尾把群众的愤怒情绪调动到了最高潮。这就是一个升华了主题的演讲结尾,当然效果也是最成功的!当我们演讲完毕的那一刻,听众的情绪能跟随着演讲的结束而达到顶峰,就证明:我们的演讲具备十足的影响力!

下面,我给大家提出几种结束演讲的方法以供参考:

1. 利用动作结束演讲。有人说:"演讲单靠言词是不够的。"这话很对。在演讲中,演讲者的动作是与听者交流思想的重要媒介,演讲者可利用动作开始演讲,以吸引听者的注意力;也可以利用动作结束演讲,给人们一种好感。

2. 利用呼吁结束演讲。利用呼吁结束演讲,是许多有经验的人在实践中总结出来的有效方法。这一方法,有其共同的基础,也就是说,讲者与听者有共同的思想、共同的愿望、共同的利益和共同的语言。当演讲达到一定的高潮之后,演讲者利用一些感情激昂、动人心弦的演讲词对听者的理智和情感进行呼吁,引起大家的共鸣,激励和感召大家的信心。

3. 利用总结结束演讲。用总结和概括结束演讲,是最普遍的使用方法。演讲者要善于在演讲结束时简洁、扼要地对自己已阐述的思

第二章
内容布局：要讲什么给观众听

想进行总结，这样有助于听者加深对这些思想的印象和理解。

4. 利用幽默结束演讲。除了某些较为庄重的演讲场合外，利用幽默的演说结束演讲都是可取的。它为演讲添加了欢声笑语，使讲演更富有趣味，并给听者留下了一个愉快的回忆。无疑，这对听者加深对演讲思想的理解是有利的。演讲者结束演讲时，要做到自然、真实，使幽默的语言符合演讲的内容和自己的个性，绝不能矫揉造作，装腔作势，否则就会引起听者的反感。

5. 利用赞颂的话结束演讲。人一般来说都喜欢听赞颂的话，特别是年轻的人更是这样。这一点证明，赞颂成了人们交往的最好手段。用赞颂的话结束演讲，是一个行之有效的方法。通过这些赞颂的话，会场的活跃气氛可达到一个新高潮，演讲者和听者的关系变得更为融洽了，这样，演讲者便能给听者留下一个满意的印象。

6. 利用名人的话或轶事结束演讲。通过引用谚语、成语、格言、警句、诗词等方式结尾，言简意明，多有韵律，使内容显得充实丰满，具有哲理性和启发性。如果你能引用适当的诗文名句来结尾，既可使演说优美、动听，又可获得所希望的气氛。

导师语录

每张PPT后重述你的演讲目标或能使观众收益之处,用这种锦上添花的方法将你的演讲提升到最佳水平。

故事讲述的黄金法则是"展现,而非叙述"。简单来说,就是不要重述别人那里听来的故事,你要学会用自己的理解将故事重新创作,然后展现给你的听众。

演讲者在讲述故事时犯的最大错误,可能就是将情景设定得过于模糊。想要重现场景,并且让听众产生深刻感受,情景设定必须要有具体的时间、地点和氛围。

演讲者将自己的观点和想法酝酿成口号,会更容易深入人心。这是节奏感所带来的效用。

伟大的演讲者通常都会不加粉饰,用简单真实的语言进行演讲。

演讲者所担心的事情并不是听众所关注的事情。听众期望享受娱乐、学到知识,最重要的是期待你精彩的表演。

一旦你明确了自己要传播的观点是什么,就需要用一种易于观众理解的方式来组织这个观点。

PPT最重要的设计原则是:切记花哨,越少越好。千万不要吝啬留白,每张PPT都要求精炼,整套PPT要在整体风格上保持协调、统一。

相比于抽象的语言,图片、画面以及一些音频、视频文件更能给听众更为直观的印象。

当演讲快要结束时,你发现有些东西忘说了,这个时候,宁可不讲也不要拖延时间。

· 第三章 ·

以情动人：培养你的情绪煽动力

好的演讲应该是一种充满感情的语言艺术，是激情迸发的产物。当演讲者带着真挚的情感走上舞台，并向台下的听众富有感情地表述着自己的观点时，能够更好地带动听众的情绪，掌控现场的氛围。一场出色的演讲，一定是带有情感渲染的，因此演讲者必须要学会把自己的情感融入演讲之中。

——卓越商业导师 苏学锋

第三章 以情动人：培养你的情绪煽动力

1
演讲"套路"藏不住，唯有真情得人心

演讲是一门独特的艺术。好的演讲应该具有一种振奋人心、神采飞扬的气势美，要求演讲者能在"吟咏之间，吐纳珠玉之声；眉睫之前，卷舒风云之色"。高明的演讲家总是用真实的情感、竭诚的态度去呼唤人们的心灵，使它振奋、感化、慰藉、激励。对真善美，热情讴歌；对假丑恶，无情鞭挞。

口若悬河的演讲者并不一定受到听众的欢迎，而表达真诚的演讲者一定能够攫获人心。当演讲者用得体的话语表达了真挚的情感，才能赢得对方的好感和信任，才能叩开他们的心门。用诚挚的心去弹拨他人的心弦，用善良的灵魂去感化他人的胸怀。让听者闻其言，知其意，见其心，达到情感上的共鸣，就会令讲话如春风化雨，润物无声，潜移默化，产生磁铁般的影响。

美国第16任总统林肯就是利用真诚为自己赢得了民心，取得了总统职位。竞选时，林肯和道格拉斯是竞争对手。在伊利诺伊州的辩论中，林肯凭借真诚朴实的演讲打动了民众的心，取得了胜利。

在演讲时，阔佬道格拉斯特地租用了漂亮的专列，并且在车后安装了大炮，每到一站就鸣30响，还有乐队伴奏。道格拉斯狂妄地说："要让林肯这个乡下佬闻闻贵族的气味。"对于道格拉斯的挑衅，林肯全然不放在心上，他自己买票乘车，每到一站就登上朋友为他准备的马车演讲。

在一次演讲中，林肯这样说道："有人问我有多少财产，我有一个妻子，三个儿子，都是无价之宝。此外，还租有一个办公室，有办公桌一张，三把椅子，墙角还有一个大书架，架上的书值得每个人品读。我又穷又瘦，脸蛋很长，不会发福。我实在是没有什么可依靠的，我唯一可依靠的就是你们。"一番言辞恳切的话，为林肯赢得了热烈的掌声，也赢得了民心。

真诚的话远远比豪华的派头更能获得别人的信任。林肯的表现就是一个鲜活的例子。学会真诚地说话吧，你会俘获更多人的心。态度在讲话交流中，发挥着举足轻重的作用，有时甚至起着决定性的作用。同样的话，从不同的人的嘴里说出来效果就会不一样，原因就是态度不同。用诚恳的态度演讲，让人感觉如沐春风。拥有好口才，必须要有诚恳的态度。

巧妙地运用充满真情的话语，可以使说者与听者产生情感上的共鸣，促进交流双方建立更加融洽的关系，形成良好的沟通氛围。所以说话一定要注入情感的因素，真诚的语言才能打动人心、感染他人。

美国拉斯维加斯当地时间2018年1月9日下午，华为消费者业务CEO余承东在国际消费电子展上发表了主题演讲。在演讲的最后，

以情动人：培养你的情绪煽动力

余承东就华为对美国市场的决心和看法做了一番阐述。余承东真情流露的脱稿演讲，让华为在外媒眼中好感倍增。

美国知名科技媒体网站The Verge直言"消费电子展通常充斥着令人难忍的陈词滥调"，但是令其眼前一亮的，反而是余承东对美国市场发表的看法。"我伸长脖子看了一下身后的提词器，上面一片空白。余先生最激动人心、最有说服力的演讲是在没有任何外部帮助的情况下发表的。"

余承东指出，如果华为的产品——全球第三大手机厂商的产品没有出货，那么美国的手机买家就不可能有最好最广泛的选择。余承东说："大家都知道，在美国市场上，超过90%的智能手机是通过运营商渠道销售的。对我们来说，对运营商来说，这都是一个巨大的损失，但对消费者来说，这是更大的损失，因为消费者无法实现其最优选择。"

回溯华为生涯的初始阶段，余承东感慨良多："华为在中国本土也面临着很多怀疑，六年前几乎是消费类设备的新手。我们赢得了中国运营商的信任，赢得了新兴市场的信任，也赢得了全球运营商、欧洲和日本运营商的信任。我们在全球服务超过7 000万人。我们已经证明了我们的质量，我们已经证明了我们的隐私和安全保护。"

此次华为Mate10只在公开市场开售，对于华为来说无疑是一个挫折，但是仍然无法阻止华为竞逐美国市场的决心。因此，余承东表示，"虽然面对挑战，我们却比任何时候都更加接近美国的消费者；我们仍然坚信美国的消费者，从未改变"。对于余承东的表态，The Verge赞道："今天我有幸目睹了这个大型技术展览上最精彩的演讲，我真的很喜欢它。"

演讲，只有发自肺腑的真情才能动人心弦，有多少真情就有多少感染力。以情动人除了要求演讲人自己要动真情之外，还要求演讲人善于将自己的真情实感淋漓尽致地表达出来，迅速激起对方的共鸣。演讲人必须善于体察对方的心境，用饱含浓情的言辞去拨动对方的心弦。

还有一点，要学会判断什么是真情、什么是煽情。区分它们的方式很简单：真情是最富有"个人性"的，是无法模仿的，谁模仿都"不像"。而煽情却不同，它几乎是故意而为之，几乎不能切实地感动在场的听众，因为它所表达的感情是"学"来的而不是自己的，让人感到似曾相识。记住：凡是真情都有与众不同的个人色彩。

以情动人：培养你的情绪煽动力

2
找好切入口，培养与听众的亲近感

在一些特殊的情况下，由于没法事先了解听众、分析听众，演讲只能在陌生的听众面前进行。陌生听众一般对你有戒备的心理，具有明显的排他性，他们合作的诚意不大，因为他们不认识你。这时你就要寻找突破口，取得听众的支持，得到听众的认同。

下面我们来看一个案例：

李大钊一次到某所大学演讲，大学生们早已正襟危坐等在下面。本来主持人为他准备了桌子、椅子和热茶，他要主持人把这些东西全部搬走，并说："同学们这样热情来听我的演讲，我希望我的演讲一开口就能走进大家的心田，我们之间不能有任何阻隔。大家说对吗？"台下响起热烈的掌声。李大钊走向学生，与他们基本上站在一起，扶着前排一位同学的肩膀，热情洋溢地开始了演讲。

这次演讲，李大钊就巧妙利用前排那部分听众作为切入口来进行演讲，很容易赢得了听众的信任。之所以抓住前排听众为切入口，这是因为：

1. 前面那部分听众离你近，对你容易产生同情心，比较容易理解你、支持你。

2. 前面那部分听众比较认真，他们是真正来听你演讲的，他们希望能从你的演讲中学到东西。而后排听众可能是不得已才来的。

3. 前面那部分听众可能个子矮，或者年龄小，或是老人和女人。因此，他们往往容易受到演讲者情绪的影响，容易跟着演讲者的思路走。

在演讲刚开始的时候，演讲者可以像李大钊那样，运用亲切的表情、柔和的目光、轻松的微笑与前面那一部分听众交流。当然，也可讲些幽默的故事、逗人的笑话引出前面那一部分听众的笑声，煽起他们的感情，以至传到后面，传到全场。有些演讲者所讲述的内容可能并不占优势，但如果他的说话方式给人一种非常迷人、令人舒服的感觉，那么他极有可能得到听众的认可和喜爱。不过，每一个演讲者的特点都是不一样的，而每次对话会因为说话技巧的不同而有各种不同的回响和反应。那么如何让听众愿意听我们说话？下表中列出了一些具体的技巧：

1. 言辞简洁

在生活中，没有任何一个人愿意听那些艰涩难懂的语句，也不喜欢一些繁冗复杂的事物。因此，给人阴沉感的讲话，会让人有疑虑感、厌恶感及压迫感。反之，说话简洁明快，则容易让人接受。

2. 嗓音独特

有些人说话的声音给人一种享受，因为他们的嗓音实在是很动听。他们谈话时，非常注意说话的声音，而说话的声音，完全依靠他们的天赋、个性及所要表达的情感而变化。因此，你也要学会锻炼自

以情动人：培养你的情绪煽动力

己，让自己说话的声音变成听众的一种享受。

3. 表示肯定

演讲者要注意自己说话的方式、方法，不要让听众反感。所谓"说话语气肯定"并不是指肯定对方说话的内容，而是指留心对方容易受伤害的感受。

4. 说话自然

自然的声音总是悦耳的，在交谈中你应该注意，交谈不是演话剧，无论你是什么样的语调，都应自然流畅，故意做作的声音只能事与愿违。当你交谈的对象不是一个人，而是许多人时，应采用以下的技巧：若前一个人声音很大，你开始说话时就可以压低声音，做到低、小、稳；若前一个人音量较小，你的开始句就要略提高嗓门，清脆响亮，以引起大家的注意。

5. 符合标准

人类生存在当今的语言环境中，对于语言拥有自己的运用标准，一旦不符合标准，就会产生不协调的感觉，其中包括语气与措辞。在人际关系中，确实有必要根据实际情况或对方是谁而分别使用适当的语言。如果不分亲疏远近，一律以和同事谈话时的措辞来谈，那么对方将不会老老实实地听我们说话。

6. 条理清晰

当之前的谈话争论不休，而且没有头绪时，你站出来讲话，就要力求语句简短，声音果断，有条理。在大众场合发言时，你要想清楚自己讲什么，怎么讲，讲到什么程度。最好不要夹在中间，要么赶在前面，要么最后再讲，这样才能使人印象深刻。

3

巧设兴奋点，调动听众情绪

每一场演讲中，都必须要有高潮，这样才能调动听众的情绪。但是，想要始终保持高潮是几乎不可能的事情，因为无论再怎么活跃、有趣，听众也不可能始终保持在兴奋的状态之中。但是要是演讲如一潭死水，毫无波澜更是不行的。

真正出彩的演讲，都是如大海涌起的波浪一般，一浪高过一浪。这就要求演讲者在演讲的过程中，巧妙设置兴奋点，要让听众能够兴奋起来。那么，演讲者该如何合理地去设置演讲中的兴奋点呢？下面我们给出几个方法：

1. 设下"埋伏"，引君入瓮

在演讲台上，演讲者可以讲一些近期发生的新闻和自己周围的新鲜事。除此之外，名言、佳句以及一些独到的见解，只要能吸引听众的注意力，都可以作为兴奋点来使用。演讲者要学会把这些事情有计划、有目的地穿插进演讲的过程中，让它们接连不断地去挑动听众的听觉神经，这样就能够更好地拉近自己和听众的心理距离，满足听众的心理需要。不过需要注意的是：任何巧设的兴奋点，都必须要符合演讲逻辑，且顺理成章，绝对不能不顾对象，故弄玄虚。否则，会起

第三章
以情动人：培养你的情绪煽动力

到反效果。

2. 善于使用"掌声"的煽动力

想要演讲产生强烈的现场感染力，就要学会使用掌声来调剂。演讲时，一定要有意识地给掌声留出一定的空间。要运用那些带有浓厚感情色彩、充满激情的语言，那些立场鲜明、见解独到、能够给听众以深刻启迪的语言，那些热情歌颂真善美、无情鞭挞假恶丑的语言。这些语言能让听众受到激励、鼓舞和启发，从而自发地鼓掌。

3. 调动五觉，给听众感官刺激

从生理学角度讲，在额定数值内，人的感官接收外来刺激的强度越大，神经兴奋的程度越高。心理学研究表明，人们最容易记住对自己有重大影响、对自己有利的，自己主观愿意记住的或给予自己重大刺激的信息。

听众对演讲反应的强弱，或者说演讲对听众兴奋程度影响的大小，一定程度上取决于演讲语言的强度。演讲语言的强度主要取决于演讲者对演讲内容的熟悉程度、对事物的感悟程度、对问题分析的透彻程度和现实立场的鲜明程度。演讲要尽最大努力把问题看得透彻、准确、鲜明，始终给听众一种压力感和责任感。

4. 打破思维定势，学会创新

不得不承认，每个人其实都具备一定的好奇心，这也就是说：如果演讲者能够成功引起听众的好奇心，那么就一定能让他们产生兴奋的感觉。这个时候，演讲者可以通过打破常规，标新立异的方式去点燃听众的好奇心。具体应该怎么做呢？演讲者可以在尊重文化传统和思维习惯的基础上，对演讲稿进行必要的创新，打破思维定势，敢于创造，善于借鉴，造清新之气，树时代新风。

外交场合的演讲大多平稳有度，但1972年尼克松来华时，在一次演讲中却说："长城已不再是一道把中国和世界其他地区隔开的城墙。但是，它使人们想起，世界上仍然存在着许多把各个国家和人民隔开的城墙。长城还使人们想起，在几乎一代人的岁月里，中国和美国之间存在着一道城墙。"听到这里，人们不知其来意是善是恶，自然细心聆听下文："四天以来，我们已经开始了拆除我们之间这座城墙的长期过程。"一句话让听众轻轻放下了提起来的心。

4

演讲中,要设计最佳"动情点"

演讲者感情最激昂、气势最雄劲,演讲者与听众感情交流最融合的时刻,正是演讲的高潮所在。如果演讲中能做到高潮迭起,演讲者便自然控制了整个现场。那么,怎么组织高潮呢?情是人性的天然表现,演讲者要善于在情的领域耕耘。一次演讲怎样达到高潮,这需要演讲者在感情上一步一步地抓住听众,在理论上一步一步地说服听众,在内容上一步一步地吸引听众,使听众的内心激情逐渐地燃烧起来,演讲自然会进入高潮。

在社会发展进程中,许多事物在给人类带来利益的同时,也造成了危害,趋利避害就是人们在生活实践中根据自身的需要逐步形成的一种普遍性的价值取向。演讲者倘若能够抓住听众的这一心理特点,在演讲中有针对性地陈述某种利害关系,就必然引起听众的情感震动和理智思考。

生死是非常容易引起人们共鸣的情感点。对生与死的严峻考验,任何人都不可能无动于衷。对演讲者来说,选取生与死的典型场面进行真切的描述,无疑就成了打动听众情感的重要表达手段。许多演讲者都利用生死的动情点来引发听众的情感,这个情感点的设置很容易引起演讲者的共鸣。

"可敬的老师，请原谅我不辞而别，我知道你爱我，爱得很深。可是，我们却恨你！知道吗，恨你！你为了我们的升学，付出了多么惨痛的代价，我们理解，但不能谅解，因为你在牺牲家庭、牺牲自己的同时，也牺牲了我们！在你废寝忘食的教育下，我们没有节假日，没有星期天，没有看电影、看电视、欣赏音乐的时间，同时也没有了个性，没有了感情，没有了思想。我们只是一群受你操纵的机器人！"

这篇题为《为了悲剧不再重演》的演讲词引述一个离校出走的学生留给老师的信中的一段感人肺腑的话语。老师赋予学生深挚的爱，却并未得到爱的回应，反而引起了他们的怨恨，这是为什么？一种爱与恨对立的矛盾冲突，强烈地触动了听众的心理情感，并激发他们在深刻的反思中认识到片面追求升学率、扼杀学生个性的严重失误，从而呼吁全社会真正关心和爱护少年儿童，使他们成为全面发展的一代新人。

爱恨是人们最普遍的心理状态，是人们对事物的一般看法。由于客观事物的发展演变可以导致他们之间的彼此对立和相互转化，所以在演讲过程中，演讲者爱与恨交织的情感抒发往往能够形成思想冲击波和心灵震撼力，使听众在爱与恨激荡的动情点上，获得强烈的情感共鸣和深刻的思想启迪。

除此之外，苦和乐也可以调动听众情绪，因为它们也是人们最基本的心理体验，也是客观事物引起人们的心理体验与情绪反应，同时

第三章
以情动人：培养你的情绪煽动力

也是一种人生观和价值观的体现。正因为这样，演讲者在演讲中特意强化苦与乐的人生感受和价值取向，就会触动听众的心理情感，使他们联系自身的生活经验，去感受苦与乐交织的人生旋律，并获得情感的净化和思想的升华。

在"壮我国防，卫我中华"演讲比赛中，一位军人的妻子讲述了这样一段动情的话："看着烈日下工地上那一张张黝黑的脸，一条条古铜色的臂膀，一碗碗粗淡的饭菜，一杯杯浑浊的凉水，我心中忍不住泛起一阵阵酸楚，眼眶里盈满了泪水！而他却是那样的豁达、那样的乐观，还笑眯眯地指着那正在铺设的铁轨对我说：'比起灯红酒绿的城市，这里的条件是艰苦的。可你想过没有？这条铁路一旦在地图上出现，我们的人生价值便附着在上面了……'"

这位军人的妻子，从令人酸楚的戈壁滩工地的艰苦环境中感受到了工程兵豁达的胸怀和乐观的精神，并引述丈夫的话，表达了当代军人在艰苦的条件下实现自我价值的人生追求。这就从苦与乐交融的动情点上深深地感染了听众，使听众心中自然地涌动着对人民子弟兵的敬爱之情。最后，当她讲完的那一刻，台下的听众响起了热烈的掌声，这更能证明她说到了听众的心里，于是引起了听众的共鸣。

在演讲中设置能感动听众的要点，实质上就是选择能对听众的心理情绪最敏感部位传导情感信息的有效刺激点。由于人的情感是复杂的，演讲的时境和听众也有差别，所以演讲者应根据具体情况，从不同的角度择取最佳"动情点"，并以此为辐射点，使演讲这一现实的信息交流活动发挥出更加强大的情感效能。

演讲者要牢记：深邃的思想能启迪深思，激起听众的积极响应；风趣幽默的语言，能引起听众的兴趣和热情；生动感人的奇闻轶事，可以醒目提神，活跃气氛；新颖广博的知识传播，可以使人耳目一新，精神振奋；精辟的论证，能以其严密的逻辑征服听众；设置悬念与适当提问，则能引起听众的积极思维和兴趣；而真挚热烈的激情迸发，贴切自然的动作，尤能扣人心弦，感人肺腑。总之，演讲者声情并茂地把演讲由一个高潮推向另一个高潮，场上气氛也就会完全在自己的控制之中。

以情动人：培养你的情绪煽动力

5
用自身热情，点燃你的听众

在总裁智慧系统课堂上，我一直强调："热情可以成就我们每一个人。"自然，我这句话的意思也包含了那些站在舞台上的演讲者。为什么这么说呢？热情是一个人自我认同的核心，人们无法把他们的追求和他们自身分开，热情是他们存在的核心。很多卓越非凡的演讲者，都并非天生就拥有热情，而是因为他们的演讲与他们突出的、有意义的个性相关联，这使得他们产生了热情。

因此，饱含热情与公共演讲密不可分。演讲者应该学会用热情去感动听众，抓住听众注意力，让听众进入情境，把注意力转化成兴趣，并且要学会适应听众从而调整演讲的节奏，只有做到这些，听众才会跟着你的思路走。

有一次，一所大学举行演讲比赛。参加比赛的大学生约有六七人，每个人都受过良好的训练，并且准备在当天好好表现一番。但是，他们的全部精力都用于赢得那面奖牌，却忽略了真正去说服听众。他们所选择的题目显然并非个人的兴趣，而是基于演讲技巧的发挥。因此一系列的谈话过程只是演讲艺术的操练而已。

只有一位来自乡下的孩子是个例外。他演讲的题目是《土地对人类的贡献》。他所讲的每个字都充满强烈的感情，而不仅是演讲技术的操练。他所讲的都是活生生的事实，完全出自内心的信念和热忱，他好像成了农民的代表，他为自己的土地发言。由于他的智慧、高尚品格和善良的心意，他向我们传达了那块土地上人们的希望并祈求我们了解。

最终这个乡下孩子赢得了奖牌。虽然他在演讲技巧上还不能跟其他人相比，但他的谈话充满了真诚，燃烧着真实的火焰。同他相比，其他人的演讲都只不过是煤气炉微弱的火苗而已。

假如演讲者在介绍自己的观念时能更加富有感性，并把自己的热忱传递给听众，这种热忱会把一切否定和对立的情绪扫至一边。假如你的目标是说服听众，这个时候想办法去激发听众的情绪要比引发思考绝对有用得多。因为情绪要比冷静的思维更具威力。但是要想把听众的情绪带动起来，那么演讲者首先就要把自己的热情传递给听众。

无论演讲者的演讲内容是否虚构，无论演讲的内容是否东拼西凑，无论演讲者的声音与手势是否运用得当，这些可能影响的都是听众感受中的一小部分，但是如果演讲者讲得不够真诚，那么听众瞬间就能感觉出来，演讲的效果就会显得空洞而虚有其表，从而大打折扣。如果演讲者想给听众留下一个好的印象，演讲者必须先给他人留下好印象。演讲者通过眼睛传递精神，通过声音释放热情，一举一动都会展现自己，与听众直接沟通。下面，让我们来看这样一个满怀热情的演讲：

第三章
以情动人：培养你的情绪煽动力

"一天，姐姐给我来了一封信。信上说，妈妈因劳累过度患上了肩周炎，一只胳膊疼得不能动，可还得咬牙挺着喂猪、做饭、干农活，整天吃玉米面、豆面、大咸菜……并且让姐姐不要告诉我，免得我分心影响学习……读到这里，我的泪水已经把信打湿了。我的母亲是没有文化的，可是，她有一颗慈爱和伟大的心，这是一切文化的根。她用自己的勤劳与汗水写着世界上所有伟大女性共有的爱的巨著。她爱的仅仅是我这个儿子吗？不，她爱的是我及属于我的新的生活和前景！尽管现实生活仍然是这么艰苦与困难，可是，她以顽强的力量在拼搏，在争取，为了自己的下一代！这是多么可贵的品质，多么高尚的精神啊！"

这是一篇题为《拳拳父母心》的演讲中间的一段：这段演讲语言的特点是朴素、平易、亲切，因为字里行间倾注着感情，所以非常有感染力，能使听众受到强烈的感染。

法国哲学家丹尼斯·狄德罗（Denis Diderot）说过："唯有热情，巨大的热情，才能激励人们成就大事。"无论是那些成功的企业家，还是政界的一些领袖人物，他们都对自己所做的事情有着巨大的热情，他们知道这种热情能够提升人的灵魂，甚至是激发出不可想象的能力。因此一个演讲者，在进行演讲的时候，一定要饱含热情。一场优秀的演讲离不开演讲者的感情抒发。强烈真挚的感情是让你赢得听众的重要原因。

6
微笑：释放你最友善的情感

人在什么时候最有魅力呢？在微笑的时候。为什么这么说？因为微笑是人与人之间最友善的无声交流方式。一个热爱生活的人，一个积极向上的人，微笑是他显露最多的表情。通过微笑，我们能洞察出一个人的内心世界，它可以代表着很多含义。例如：自信、礼貌、涵养、情感。

著名演说家彼得·泰格曾经说过："就连最懒惰的人，也懂得微笑。因为他知道，微笑比皱眉牵动的肌肉要少得多。"很多人都认为山德士的打扮是肯德基独一无二的注册商标，因为人们一看到他的标志，就会自然地想起肯德基。山德士曾说过这样一句话："我的微笑就是最好的商标。"其实在演讲台上也是如此，微笑是最美丽也最容易的语言，它能帮演讲者和听众建立一个和谐的氛围。所以，演讲者应该让微笑成为一种习惯，不要让死板严肃的表情成为你演讲道路上的障碍。

在态势语言中，微笑是一种特别值得提倡的语言。这是一种特别有效的交流与交际工具。不管演讲者的心情如何、态度怎样、情绪好坏、有何倾向，只要他笑，不管他是怎样笑、是何种笑，听众便立即

第三章
以情动人：培养你的情绪煽动力

可以读懂这种语言，并且受到感染；笑是愉快的，是获得友谊、取得信任、融洽关系、化解矛盾的重要手段。

在演讲中哪些地方应该运用微笑技法？下面给出答案：

1. 上台、下台

演讲者这时微笑，可拉近与听众的距离，把良好的形象留在听众心中。

2. 赞美、歌颂

演讲者表达这些感情色彩时应微笑。因为要博得别人笑，自己首先要笑。

3. 听众提问

演讲者这时候的一缕微笑是无声的赞美与鼓励。

4. 肯定或否定

演讲者同意或反对听众的一些言行时，可以配合着点头或摇头，脸挂微笑。

5. 场内喧闹

演讲者面对喧闹的听众，可略停顿，同时脸挂微笑是一种含蓄的批评与指责。

微笑，在演讲中是最好用的工具。因为一个简单的微笑，就可以代表着你的善意，代表着你的诚心，代表着你的认同。而且最重要的是：微笑在所有国家文化中，都有着同样的含义。但即便是这么好用的工具，还是有绝大多数演讲者没有充分利用，或是用错了这一强大的工具——那种龇牙咧嘴笑的人、下巴发痛的傻笑，其实跟面无表情的扑克脸一样恶劣。这样的笑容，只会引起听众内心的反感，是不会得到他们喜欢的。除此之外，演讲者还必须要注意的是：在悲伤或严肃的场合或氛围中，露出微笑是不适宜的，通常只会起到反作用。

7

掌握抒情技巧，触动人心

演讲者站在舞台上的目的，就是为了说服听众，则演讲的所有表现都会影响对方的态度。假如演讲者表现得不起劲，那么听众也不会起劲；假如演讲者的态度随便，表现平平，那么听众也如此。叙事抒情也就是把情感融于讲述、叙述、议论之中，让听众自己慢慢地咀嚼演讲者的情感。

"请允许我沉溺于幻想——我这样做，是因为我深信，没有什么幻想是人类的意志和才智不能改造为现实的。我幻想着建设一座'科学城'……在这里，科学家天天用自己的睿智、无畏的眼光探索着我们星球周围的奥秘；在这里，科学家像石匠和宝石匠般锻炼、雕刻着世界的全部经验，并把这些经验变成行之有效的学说，变成进一步探求真理的武器。在这座科学城里，科学家将沐浴在自由和独立的阳光中，沐浴在激发创造力的阳光之中，而他们的工作则将在这个国家造成热爱知识的空气，将在人民中间唤起对知识的力量和美的热烈感情。"

这是高尔基所做的《科学万岁》演讲中的一段话。这里，高尔基

以情动人：培养你的情绪煽动力

的演讲充满想象，他描绘出一幅幅令人向往的图画，目的是说明科学的巨大作用，但语言却非常富有感情，是寓理抒情的典范。

寓理抒情，简单来说其实就是借助感情来陈述道理。这最终的目的，也就是向听众证明道理，但是采用的方式是——用感情。因为理因情生，演讲者若是能够在演讲的过程中加入强烈的感情成分，就能更加有力地表达自身的观点。直接抒情，即不借助议论和叙事，直接用明快的鲜明的语言抒发自己心中的情感。直接抒情的语言技巧，在演讲中是用得很多的，不少著名演讲家的结束语，往往就是采用直接抒情技巧的。应该指出，演讲语言中采用抒情技巧：一要注意自然，不可矫情，也不可故作多情；二要节制，过多过滥地运用抒情，将适得其反。

除了直接抒情，还有一种方式能够加深听众的感受，那就是学会运用排比。为什么这么说呢？因为排比的修饰方式能造成一种气势，听后令人振奋，具有极大的鼓动力量。排比是由三个或三个以上的结构相同或相似，语气一致的语句成串地表达相关或相连的内容的一种句式。下面我们看看这样一个演讲：

道格拉斯在1854年7月4日美国国庆大会上《谴责奴隶制》的演说的精彩结尾是："7月4日，对美国的奴隶意味着什么，让我来回答吧。对于长期受压迫和受凌辱的奴隶，7月4日是一年中最屈辱和最残酷的一天。对于他们来说，你们今天的庆祝活动仅是一场骗局！"

"你们吹嘘的自由只是一种亵渎的放肆，你们标榜的民族伟大充满着一种骄傲的自负，你们的喧闹声空虚而没有心肝，你们对暴君专制的谴责无异于厚颜无耻的言辞，你们所唱的'自由平等'的高调更是虚伪至极，是对这些口号本身的嘲弄。你们的祈祷与圣歌，你们的布道与感恩，连同一切宗教的游行与典礼，仅仅是对上帝装腔作势的信奉，是欺骗、是诡计，是亵渎和伪善——是给罪恶的勾当蒙上一层薄薄的纱巾。"

我们可以看出：这里犀利的言辞和愤怒的感情被一连串的排比连成一片。这种排山倒海、轰轰烈烈的感觉，使谴责奴隶制的主题思想变的更为突出，论点更加鲜明，而在感情上对听众的震动也变得更加巨大。

无论在叙事演讲、政论演讲还是抒情演讲中，排比都被广泛运用。运用排比能使言语规整，语气协调，感情贯通，表达流畅。演讲的开头有排比，演讲的中间、结尾都有排比。其实道格拉斯演讲中运用排比的方式在生活中是最常见的。大多数排比采取的都是开头慢、后面快的方法，这样更能够调动听众的情绪，让他们在最后一刻爆发。

以情动人：培养你的情绪煽动力

8
激发兴趣：抓住听众注意力

抓住听众的注意力才能让听众跟着演讲者的思路走，这是演讲成功的重要因素。许多人认为，只要使用巧妙的开场白抓住了听众的注意力，就可以一劳永逸，直到演讲结束他们都会自始至终关注自己的演讲。可遗憾的是，除了开头巧妙之外，保持听众的注意力还要做许多工作。

别觉得成年人的自律性比较高，会一如既往地专注听讲，其实他们就像儿童一样容易分心走神。一个精彩的开场白之后，演讲者必须再次想办法去抓住他们的注意力，否则他们每半分钟左右就会走一次神。在准备演讲稿的时候，演讲者要把握每一次机会组织材料，根据那些最能够吸引注意力的特点构思语言。

我们来看看，演讲者具体可以从哪几个角度来准备：

1. 实际情况

指向具体的人、事、物，要具体而明确，不要抽象而空洞。

2. 近似

随手采用眼前的东西，如屋子里的听众、当前的时事、当地的参照物。

3. 熟悉

采用大家熟悉的例子，人人使用的语言和司空见惯的事件。

4. 新奇

是熟悉事物的反面，惊人的事实，语言别具一格的用法，奇怪的意象，不同寻常的组合。

5. 悬念

提出疑惑或引人思索的问题，使人们对接下来发生什么萌发好奇心。

6. 矛盾

明确利弊，相互对立的观点，彼此争论不休的学派。

7. 幽默

诙谐的话语，愚蠢或夸张的形象，有趣的文字游戏，具有讽刺意味的命运的捉弄，用来消遣的故事。

8. 重要信息

听众非常关心的重要内容，最突出的是生存问题，其次可以是任何节省时间、帮助他们赚钱、使生活更加幸福快乐的问题。

人们容易受到与众不同的或者能激发他们好奇心的事物的吸引。奇怪的是，他们也对司空见惯的日常事物做出反应。在大多数情况下，人们关注那些他们认为与自己的切身利益相关的事物，就像关注重要信息一样。

罗素·康威尔著名的演讲《如何寻找自己》，总共发表过近6 000次。你或许会想，重复这么多次的演讲，可能已经根深蒂固地刻在演讲者的脑海里，演讲时的字句音调该不会再变了吧？但结果并非如此。康威尔博士知道，听众的知识水平与背景各不相同，必须要让听

第三章
以情动人：培养你的情绪煽动力

众感到他的演讲是个别的、活生生的东西，是特意为他们准备的。

他为什么能在一场接一场的演讲中成功地维系着演讲者、演讲和听众之间轻松愉快的关系呢？

"当我到了某个城市或某个乡镇时，"他写道，"总是先去拜访那些经理、学校校长、牧师们，然后走进店里同人们交谈，了解他们的历史和他们所拥有的发展机会。然后，我才发表我的演讲，对那些人谈论适合他们当地的话题。"

康威尔博士很清楚，成功的沟通有利于演讲者使他的演讲成为听众的一部分，同时也使听众成为演讲的一部分。尽管《如何寻找自己》成为最受欢迎的演讲，但我们想找一本演讲词的副本却找不到。由于康威尔博士聪敏、洞察人性，而且又勤奋谨慎，所以这一相同的题材尽管已经给大约6 000场的听众讲过，但同一次演讲不会说两次。

罗素·康威尔之所以能够激发听众的兴趣，就是因为他在演讲之前充分了解了听众的信息，根据听众的兴趣和爱好，包括他们生活的环境，让他们充分融入到自己的演讲之中。这种用法多多益善。这些吸引注意力的要素的熟练运用可以成为你的第二天性，几乎不需要费力，也不必花费很多时间。

除此之外，演讲者在把吸引注意力的要素运用到自己的演讲中时，还要遵照下列原则：

尽量去采用具体的、切中要害的事例。因为具体而真实的事例总是最有趣的。如果可以指出姓名，就不要用"某个人"或"一个人"，而要提及著名人物、在座的听众；说明地点、品牌、日期或详细情况。这会加深听众对你的好感，从而让演讲达成更好的效果。

导师语录

最具吸引力的故事都带有强烈的主观色彩。你要让你的情绪渗透其中，而只有在表达最深刻的情感时，你才能做到这一点。

最容易被记住的演讲者，通常都是能够充分调动听众情绪的人。

启发听众最有效的方法之一就是促使他们进行深刻的自我反省。

把听众当成自己的密友，以自己的事迹去带动他们进行联想，他们想到的内容越具体，越能证明他们跟随你的步调。

演讲时要时刻牢记演讲的主题，时刻把握感情的阀门，注意控制感情的流量。

演讲中的情感抒发固然十分重要，但感情是受理智支配的，这个理智，就是要表达演讲的主题。

微笑，在演讲中是最好用的工具。因为一个简单的微笑，就能传递你的善意，代表着你的诚心，代表着你的认同。

演讲者抒发感情的时候，一定要具备真诚，但凡不真诚的情感流露，最终都会被听众所觉察。

如果演讲者在介绍自己的观念时更加富有感性，并把自己的热忱传递给听众，通常是不会引起听众的对立的。

如果演讲中能做到高潮迭起，演讲者便自然控制了整个现场。

· 第四章 ·

调整心态：你的态度决定一切

心态是决定做事成败的关键元素，这一点在演讲中同样适用。当我们面对同样的事情，用不同的心态去对待的时候，就会产生不同的效果。心态影响我们的行为，决定我们的演讲状态，有什么样的心态，就有什么样的演讲效果。因此修炼好自己的心态，是演讲者走向舞台，成就自己的第一步。

——卓越商业导师 苏学锋

第四章
调整心态:你的态度决定一切

1

自信,是演讲的第一开关

很多演讲者为什么不够自信?根本原因在于:他们无法相信自己具备演讲的能力。比如:老认为自己讲不好,觉得自己演讲很生硬,觉得自己无法提升演讲的能力,觉得自己的人生只能随波逐流无法改变。这样没有自信的人,即便登上了演讲的舞台,也会把演讲搞砸的!所以说:自信的力量在公众演讲中尤为重要。

一个成功的演讲者,首先要过的第一道关卡就是:克服不自信的心理。到底什么是自信呢?简单来说,就是自己相信自己的能力,自己相信自己的力量。自信并不是我们口中说出来的,而是切切实实通过外在的行动表现出来的!它不是一个空洞的口号,而是一个渴望成功的人必须具备的素质。

在国外有一位著名的外科医生,是位热心的篮球迷,经常去看球员们练球。不久,他就和球员成为好朋友,并被邀请参加一次为球队举行的宴会。在侍者送上咖啡与糖果之后,有几位著名的宾客被请上台"说几句话"。突然之间,在事先没有通知的情况下,他听到宴会主持人喊到了他的名字!

别看他平时和朋友坐在一起的时候，总能侃侃而谈，要是让他站在大家面前去讲话，那是他想都不敢想的事情！宴会主持人还在持续不断喊着他的名字，他周围的朋友已经开始鼓掌了！此时此刻的他心跳的速度加快了一倍。他从未做过演讲，而他脑海中的记忆，现在仿佛全长着翅膀飞走了。他该怎么办呢？大家都望着他。

他摇摇头，表示谢绝。但是这样做反而引来了更热烈的掌声，纷纷要求他上台演讲。周围的呼声愈来愈大，也更坚决。他处在极为窘迫的情况下。他知道，如果他站起来演讲一定会失败，他将无法讲出完整的五六个句子。因此，他站起身来，一句话也没说，转身背对着他的朋友，默默地走了出去，深感难堪，更觉得是莫大的耻辱。

那次宴会结束之后，他开始意识到自己的问题，于是马上报了一个演讲班，他希望拥有演讲的能力，更彻底地准备自己的讲稿，心甘情愿地加以练习，从不漏掉训练课程中的任何一课。通过努力练习，进步的速度令他自己都感到惊讶，并且超越了他最大的希望。在上完最初的几节课后，他紧张的情绪消失了，信心愈来愈强。两个月后，他已成为班上的明星演讲家，不久就开始接受邀请，前往各地演讲。他现在很喜欢演讲的感觉及那份成就感以及所获得的荣誉，更高兴从演讲中结交到更多的朋友。

很多人觉得演讲是人生中的一大考验，事实也的确如此，站上舞台需要足够的勇气和自信，而这种能力是通过不断地积累和练习，最终磨练出来的！它并不像大多数人所想象的那般困难。这就如同你在进行一场长跑比赛，任何人都可以发展出他潜在的能力，只要他有想要这样做的充分欲望就行。这种欲望会大大提升你对演讲的喜爱，而

第四章
调整心态：你的态度决定一切

当你喜爱一件事物的时候，所有的恐惧感也就烟消云散了。

在这世界上，还有很多我们知道的名人曾经也都是从不敢说话中走过来的。国际工人运动杰出的女活动家蔡特金第一次演讲时，虽然早就做过细致准备，可一上台，"要讲的话一下子从脑子里全溜掉了，大脑出现了空白"；美国前总统福特初入政坛时，讲话结结巴巴，人们听起来很不舒服，有人戏称他为"哑巴运动员"；英国政治家路易·乔治，第一次试着做公开演说时，舌头抵在上腭，竟不能说出一个字；美国著名作家马克·吐温谈起他首次在公开场所演说时，也说那时仿佛嘴里塞满了棉花，脉搏快得像田径赛跑时的感觉……

列举大量的事实，不外乎是想说明一个问题：成功者也曾经失败。这也就证明：这世上没有谁能够随随便便成功，演讲也是一样的道理。因此，作为一个演讲者首先就要懂得永远向前看，不要畏缩不前。如果你有演讲失败的经历，那其实很好，因为你尝试过，那是你迈向成功演讲的第一步啊！接下来你要做的就是：不断地练习，让自己确立自信，并把那份自信扎根在灵魂的深处，跟随自己的心脏一起跳动，和血液一起流淌。比如：相信自己有很强的演讲能力，相信自己演讲的时候很灵活，相信自己在演讲的时候智慧迸发、妙语连珠……这些都能帮助你光彩熠熠地走向演讲舞台！

2
坚定使命感，分享最有价值的东西

身为一个演讲者，必须带着使命感站上演讲舞台。为什么这么说？因为演讲者必须对台下的听众负责！听众选择来到这里听演讲，就证明他通过各种渠道得知这个演讲的时候，就已经在心里认可了你的演讲能力和水平，并且他也一定是带着自身的目的，希望在你这里听到某些有用的知识。

在这个世界上，所有成功的演讲者都是听众支持起来的。如果身为一个演讲者，却不能够为听众分享有价值的东西，那么他们就会否定你的能力，甚至是厌恶你的演讲，这会极大地影响你的形象和口碑。但是明知这个道理，在现实生活中，还是有很多的演讲者都做不到这一点。相比分享有价值的东西，他们更喜欢说一些空话，甚至是没有任何意义的东西。

我曾经有一个朋友，他是一个互联网产品专家，有一些社群邀请他去给群内成员进行线下分享的时候，他开心地答应了。但是到了真正演讲的那一天，他的表现却并不出众，所有人都反馈：他讲的东西太过笼统，基本就是互联网小白学习的，没有一点真正的干货！

第四章
调整心态：你的态度决定一切

最后，社群主办方也弄得很尴尬，毕竟是花钱请来的专家。那一次之后，再也没有人邀请我这个朋友去演讲了，他自己把自己的口碑搞砸了，也断了自己未来靠着讲课挣钱的门路。当然，这绝对不是他的真实水平。某一次，在和他吃饭的时候，我随口提起了这件事情，他和我说道："我觉得自己得学会保留一些东西，并不是所有的东西都值得拿出来和别人分享的。"我瞬间明白了他的意思。

其实，这也就很好地解释了以下这个问题：为什么举手之劳就可以将最有价值的东西扩散出去，让更多的人收益，但很多演讲者却很不情愿做呢？这就是人之本性所具有的自私心理作祟，很多所谓的牛人和成功者，他们的"看家本领"和"一把刷子"是一般不示人的，更是不轻易坦露其"后台操作"秘籍。很多经验和体悟，都是周遭和辛苦，甚至心血获得，哪能轻易给人。

当然也避免不了其他的原因，比如说：人与人交流的不对称性所致。如果和听众不在一个频道，交流困难，浪费话语和精力；不在一个阶层，难以平等互动，交流障碍；志趣不同，好恶难调，泛泛交流而已。这样的情况下，很难形成高质量的交流。如果出现这样的问题，那也只能证明演讲者自身还是不够专业，否则，他一定能够用最简单易懂的方式，走近自己的听众，让他们明白自己所讲的道理。

李婷原先是一个非医疗专业的人士，因为她的孩子总生病，最后逼她花了好几年时间，学习消化中西医知识，针对自家孩子情况，精准实施料理，不仅帮助孩子增强了体质，还减少了常见感冒、咳嗽等疾病发生，并且形成了她自己对于儿童疾病预防及健康培育的系列观点。

她给一个教育专家微信留言："因为我在孩子小时候潜心研究了这个问题。当时走了各种弯路，各种试验比较，做了24小时观察笔记，细化到每次喝水，每颗药，每个睡眠，每次外出，每餐饭，每次出大汗，每次晨练，每件衣服。"

后来这个教育专家看了她写的一篇有关如何治疗长期咳嗽的文章，着实有些敬佩。文章中有她细心的观察、详实的记录，还有对症状的分析诊断及采取的措施，叙述专业，例证可信，并且还附有具体的评价及记录表。文中显示初稿是1996年完成的，第二次修订的时间是2015年。也就是说这篇文章经历了20年的思考和实践。后来，这个教育专家给李婷安排了一次讲座，她的真心分享获得了很多宝妈的认可。

那些带有私心，不愿意分享有价值东西的演讲者，最后耽误的其实都是自己！当你成为一名演讲者的时候，你就有必要成为一个能够传递价值的人。当然，这个传递的前提是：你本身真的有"两把刷子"。所谓有价值的东西，必须具备与之匹配的"脏腑"，没有与之承接的阅历和见识，根本汇聚不了这样的能力。

在现今这个信息、思想、文化等巨量交融的互联网时代，有着许多有价值的东西，这些东西可以让我们少走弯路，少经历磨难，想明白很多，也看清楚许多，总之能增智成事。身为演讲者，当你拥有了这些有价值的知识和信息时，一定不要让它仅仅成为你一个人的东西，你要秉承自己的使命，学会和自己的听众真心分享，那么你获得的成长和收获也是加倍的。

调整心态:你的态度决定一切

3
学会感恩,你的听众是你的支持者

我记得自己在网上看到这样一个故事:

于丹在一次演讲中,发现全场没有一个人在喧闹,没有听到接听手机的声音,而且很多人都以膝盖为桌,一边认真地听讲,一边将打动自己的经典语句记录下来。会场里的"安静"和听众的"表现",令于丹十分感动。于是她不由得中途六次90度深鞠躬,对听众表示感谢。而她的这种行为,也深深感动了在场的人。

在当今时代,无论是企业家、演员、作家、网红,他们的背后都有着无数的粉丝,其实一个出色演讲家的背后,也有无数粉丝的支持和鼓励!因此,演讲者想要获得成功,一定要对自己的粉丝、自己的听众怀有一颗感恩之心!并且要学会在恰当的时间,用恰当的方式向听众表达自己的感激之情!

在承德的一所校园里,一个当地演讲团的首席演讲家曾以"感恩老师"为主题在礼堂内进行演讲,台下是校园内的老师和学生。那场演讲,感动了许多人,包括他自己!校园里近3 000名师生和家长静静地听着他的演讲，没人说话，最后都在音乐声中流下了眼泪。

"你们是好学生吗？你们感谢过你们的老师吗？！你们知不知道，有多少老师生病了还来学校给你们上课？有多少老师在结婚前一天还站在讲台上……"当这位演讲家带着激动的嗓音诉说的时候，台下的老师和学生都愣住了！有一位老师干脆摘掉眼镜，眼泪肆意流下。紧接着，演讲家的呼吁声又响了起来："老师是最辛苦、付出最多的一个职业，我站在这里要感谢在场所有的老师，也感谢曾经教育我的恩师，是你们让我有了今天的成就！亲爱的孩子们，请看看你们身边的老师吧！这一刻不要吝啬你们的感谢，向老师们大声地说'老师，辛苦了''老师，我爱你'吧！"

这个时候，激扬的音乐响起，一声令下，几百名学生向老师拥去，抱着老师哭了起来。其中有一个学生哭得很凶。她说平时觉得老师对她好是应该的，有时老师管得严了，自己还抱怨发牢骚，现在才发现自己做得很不对。当天，演讲家还就家长和教师的关系、家长和孩子的关系进行了演讲。3 000名师生和家长大多潸然泪下。

生活中，我们每个人都应该存有一颗感恩之心！感恩父母给了我们生命，感恩他们抚养我们长大，教育我们，关爱我们；感恩老师给我们打开知识宝库的钥匙、照亮人生道路的灯塔，使我们在白纸黑字的世界里感受人性的伟大；感恩那些帮助过我们的人，感谢他们在我们忧伤时给我们安慰，落魄时给我们支持……让我们也把自己的感恩之心回馈给那些支持我们的听众吧，这是一个演讲者必须具备的素质！

调整心态：你的态度决定一切

2011年，孟非生日会在南京的一所大学里举办，还未到时间，就已经有不少粉丝等在学校大礼堂的门口，等待入场。从上午开始，南京就一直飘着毛毛细雨，但丝毫不影响粉丝们的热情，两层的大礼堂座无虚席，孟非一出场，就引来阵阵尖叫声。而前来参加孟非生日会的不仅有学校的学生，各个年龄层的观众都想和孟非近距离接触，一位年迈的老者还为他写了一首励志诗。

一上台，孟非就发挥出了自己在舞台上的机智幽默，时不时地和台下的粉丝开玩笑。就连上台送礼的人也不忘调侃一番，不仅如此，听说还有很多粉丝未能进入现场，孟非还张罗着让主办方安排大家都进场，显得十分热情。生日会开始后，腾讯网为孟非送上了一个特别为他定制的琉璃杯，同时祝贺他的腾讯微博听众破千万。

接过礼物，孟非拿起话筒，深情款款地对在场的群众表示了感谢，除此之外，他还不忘开玩笑："一千万听众啊，这得多少人啊，在欧洲得好几个国家了吧。"逗得台下群众一阵大笑。在接受腾讯记者采访时，孟非表示："听众破千万我特别高兴，但同时感觉自己的压力也大了，现在就老得想着发点什么，因为几天不说话，很多人就会问你，你最近怎么没发微博啊。就得想着发点东西上去，而且粉丝多了，说话就更要注意了。"

对听众表示感谢是一种尊重，这一点孟非就做得很不错。那么，身为一名演讲者该如何对听众表示感谢呢？我们可以从几方面来说：首先感谢他们的到来，感谢他们能够参加这场演讲，可以围绕这个话题，与听众进行良好的沟通与互动。比如，有些听众在提问题的时候，你可以先说，"非常

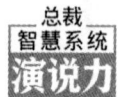

感谢您的提问,感谢您让我回答您的问题",然后再热情客观地解答问题。回答结束后你还可以再次感谢提问的听众。

此外,在演讲的过程中,也可以找准时机多讲一些感恩的话,引导出听众感恩的心理,比如讲一些感恩的故事。当然,也可以在演讲现场组织策划一些感恩的小活动,比如让他们感谢自己的父母、家人、朋友,发短信说一声"谢谢您",或者是一同和你在一起听演讲的人,相遇是一种缘分,等等。这些都能够起到不错的效果。如果能够提供一些小礼品,发放给在场的听众,好的效果还会加倍!

第四章
调整心态：你的态度决定一切

4
勇敢：挫折是通往成功的必经之路

想要完成一场漂亮的当众演讲，必须具备充足的勇气。可惜，这一点是众多演讲者比较头疼的问题。到底该用什么样的方式来让自己充满勇气呢？其实人类的行动往往紧跟着感觉，可实际上它们是并行的关系。通过约束行动，我们可以间接地约束感觉，但感觉却不受意志的直接控制。

如果我们在某一天的时候，感觉自己忽然不快乐了，那我们可以假装自己很快乐，做出快乐的言行。通常这样的举动，会改变我们当下的心情，当然，如果这样的办法依然无法让我们感到快乐，那就无能为力了。但这个办法依然可以尝试。所以，在演讲的道路上，我们要让自己感觉自己很勇敢，并表现得很勇敢，运用一切意志来达到这个目的。

一个连锁超市的主管，在上完我们总裁智慧系统的演说力课程之后，他在和其他学员分享的过程中，提及自己的变化，他说道："刚开始，我真的很害怕顾客，为他们服务时总是提心吊胆，唯唯诺诺。在班上做过几次演讲之后，我感觉现在的自己更自信了，处事也从容了许多。有不同的意见时，我也敢直接地说出来。在班上演讲后的第一个月里，我的销售业绩提升了将近50%。"

同样的，一个保险推销员也有同样的感受，他说："我销售的方式和大家不一样，总是喜欢微信聊天、成交客户，可是那样效率太慢了，我自己的沟通能力也不行，有几次和客户对接工作，说了几句话被怼回来之后，我发现自己不敢面对客户了。但是我学过演讲力之后，有天早上，面对一位非常凶悍的顾客，他还没有来得及说不行，我就已经把样品放在他的桌子上。而且我用三言两语就把他说的跟我成交了。"

一位家庭主妇说："过去，我很胆小，甚至不敢邀请邻居到家里来玩，怕自己和她们没法融洽地沟通。上了几次课之后，尤其是当众讲过话之后，我鼓起勇气办了一次聚会。不得不说，那次宴会很成功，我从容自如地招呼着客人，和她们快乐地交谈。"他们都成功了，他们摆脱了恐惧和焦虑，顺利地完成了那些曾经担心会失败的事。这一切，都是从他们敢于当众说话开始的。

所以，我们要学会给自己做好心理暗示，让勇敢追随着我们，这样我们在登上舞台演讲的时候就会挺胸抬头，站直身体，看着听众的眼睛，充满信心地讲话。与此同时，还会把自己的优越感发挥出来，这种心理不单单只改变演讲的现状，它对未来你在生活中、工作中，各种人多的场合的表现都会产生很大的影响。

每个人想做一件之前从未做过的事情时，都会觉得害怕。这个时候，我们要做的是：学会控制自己的思想，让自己表现得好像什么都不害怕似的。只要你一直这样暗示自己，那些假装就会变成真的。同

第四章
调整心态：你的态度决定一切

理，如果我们对演讲感到恐惧，那么我们照着这个理论来训练自己，故意装作不害怕的样子。慢慢地，我们就会发现自己竟然对上台演讲真的不怕了。无论现在的你是一个多么胆小的人，只要懂得运用自我鼓励的方法，想要变成一个勇敢的人其实并不难！

我曾在总裁智慧系统的课堂上，这样和学员说："我能站在今天这个舞台，给大家传授知识，也是不断磨练出来的，刚开始的时候，我也会胆小、害怕，甚至是畏缩，但那又怎么样？我知道自己想要完成的使命是什么，知道自己未来十年的目标是什么，这些足以让我忘却恐惧，浑身充满勇敢的力量，其实只要你愿意，你也能够跟我一样！"

学会勇敢地在众人面前分享自己的思想，不仅会帮助我们练就好口才，还会不知不觉影响我们做其他事情的态度。那些善于接受生活挑战的人，品德和才能也不断地趋于完美。无论是谁，只要调整好自己的心态，鼓足勇气把那些所谓的难题变成一个又一个挑战。铭记一点：我们是勇敢的，要让自己勇敢起来！多进行潜意识暗示，慢慢地我们就会真的克服那些所谓的困难，成为一名勇敢而又自如的演讲者。

5

带着"宽容"演讲,不要和听众计较

有一句话说得好:"忍一时风平浪静,退一步海阔天空。"在生活中,当我们和别人之间出现矛盾的时候,如果能冷静下来,估计也就会"大事化小,小事化了"。不过这也就要求我们必须怀着一颗宽容豁达的心,去面对周围的人和事。学会宽容别人,我们会发现世界很大、生活很美,人与人之间充满了爱。

在任何场合之下都有可能发生摩擦,演讲自然也不例外。很多智慧的演讲者在和听众发生辩论和冲突的时候,都能够冷静地将问题顺利解决,从而保证演讲继续进行。当然也不乏一些情绪失控的演讲者,为了争一时的面子而和台下的听众斗气,不但损失了自己的风度、破坏了自己的形象,也影响了其他的听众,导致演讲失败。

著名演讲大师卡耐基先生,曾经受邀参加一个晚宴。宴会上,主持人刚说几句话,便准备邀请他上台发言,顺便还讲了一个笑话,笑话中引用了一个句子,主持人说那句话引自莎士比亚的作品。卡耐基跟随其他人笑了笑,准备上台接过话筒,可没想到这个时候,一个人忽然在台下喊了起来:你说的这个句子,不可能出自莎士比亚的作

第四章
调整心态：你的态度决定一切

品，肯定出自《圣经》。台下的人大都不知道什么情况，觉得主持人说错了，于是一阵大笑。

抹不开面子的主持人马上就和这个人争论了起来。两个人说得面红耳赤，颇有些吵架的意味了！过了好久，主持人才想起了卡耐基先生，他知道卡耐基先生非常熟悉莎士比亚的作品。于是赶紧向他请教。卡耐基听后，对着主持人笑了笑，拿过话筒说："那句话出自《圣经》，那位绅士是正确的。"这次主持人没说什么，下了台，但心里很不舒服。

宴会结束之后，他特地找到了卡耐基先生，问道："您明明知道我是对的，为什么要说我是错的？"卡耐基笑着说："你的确是对的，那句话就在《哈姆雷特》的第五幕第二场。但是，他是个听众，你为什么非要当着众人的面证明他是错误的呢？为什么不顾及一下他的颜面呢？他并不需要你的意见，你为什么和他顶嘴呢？记住，我们是演讲者，要维护自己的风范，不要和听众计较太多。"

永远不要和听众正面冲突。这句话值得所有的演讲者铭记！因为在演讲的过程中，你是主控者，如果因为听众的三言两语，或是其他惹你不高兴的行为，你就情绪失控，那么最终你也只能是得不偿失。富兰克林曾说过："假如你总是争论、辩驳，或许偶尔你能赢！可这种胜利是空的，因为你永远得不到对方内心的好感，所以你要好好想一想，你是要那种语言上的胜利，还是要别人对你发自内心的好感？"

演讲中，听众会有些什么反应，这是难以预料和把握的，有时还会遇到某种挑战和刺激，甚至演讲者在处理这些问题的时候，自己也会出点洋相。在漫漫人生路上，谁没有一些缺点过错呢？听众也是一样的。有的时候他们的言语和行为确实让人抓狂，因为他们可能不理解站在舞台上的你，只因为对你不够满意，就当场大发雷霆，或是提出问题处处刁难，这种现象其实很常见。这个时候的你，正是台下听众的焦点，你处理问题的方式将影响他们对你的印象。

  所以，你要牢牢记住这句话：得饶人处且饶人。听众也可能会因此内疚而心存感激，而如果互不相让则让双方都陷于斤斤计较的不愉快中。与其当场和听众纠缠不休，损失风度，还不如去理解和宽容听众。沿着听众的思绪，站在他的立场上去斟酌设想一番，多想想他的优点，因为在换位思考的过程中，可能会平息了你心中原有的怒火，让你可以谅解对方的言行，那些矛盾自然而然地消失了，演讲也可以顺利进行，何乐而不为呢？

6

拿出积极态度，带动全场氛围

每个人的人生轨迹都是不同的，得到的结果当然也是不同的！但我们必须承认一点：那就是人生会因为你的积极向上而创造奇迹。有人说："人生就像一杯茶，当你哀伤的时候去品它是苦涩的，而当你愉悦的时候品它却是香甜的。"同一个人生，我们用不同的心态对待它，结果自然大相径庭。积极的态度决定成功的高度。

对于一个演讲者而言，如果不能保证自己以积极向上的态度去发表自己的演说，就会直接影响到听众的心态。因为人和人之间的情绪是可以传染的，一个心态积极的演讲者总能够让听众的心态变得积极。反之，就会把现场的听众带入消沉的状态之中。因此，成功的演说家，都会怀揣积极的心态站上舞台。

在我去国外求学的那段时间，曾经听过一场演讲，到现在还令我记忆深刻。那一次，我觉得整个现场的气氛十分糟糕。为什么这么说呢？台上的演讲者显得无精打采，说话的语调也毫无波澜，而台下坐着和我一样昏昏欲睡的听众。我真的很想尽快结束，但没想到的是：它还有一次中场休息。

短暂的休息过后，这个演讲者明显和刚才的状态不一样了。当他讲到一个有趣的话题的时候，突然语调有了起伏，而台下的人明显很感兴趣，于是开始举手不停发问，这个互动忽然间就让整个现场的气氛活跃了起来。大家都开始变得精神抖擞，有的人在台下飞快地记着笔记。好像刚才那种死气沉沉的气氛并没有将他们包围过。

看见台下的听众活跃了，这个演讲者也变得更加富有激情起来，开始滔滔不绝地讲课，肢体动作越来越多，手舞足蹈。没过几分钟，台下的听众似乎从梦中醒来一样，一个个开始认真地听着演讲。当然，我也很快被这种气氛所感染，主动参与到了与演讲者的互动当中。

上面的事例，可以让我们清楚地看到演讲者的积极态度对听众的带动作用。那么，演讲者怎样才能让自己拥有积极的心态呢？积极心态的源泉到底在哪里？如何激发出自己的积极心态呢？下面我们给出三种方法，演讲者可以借此来调整自己！

1. 不要总强调负面信息

不要总是给自己一些这样的提示："昨天我准备的演讲稿根本就没有背下来""这类演讲我肯定撑不下来啊"，等等。越是这样担心的事情越容易发生，所以，聪明人应该避免用失败的教训来提醒自己，而应该多用一些积极性的暗示，如"多练习几遍我就能记住了""这次知道错在哪里，下次再演讲的时候就有经验了"，等等。积极的暗示和指导，比起强调负面结果，效果会好很多。

2. 培养良好的行为习惯

自我心理暗示不仅仅是以上直接的潜意识的沟通，还包括很多行

调整心态：你的态度决定一切

为习惯方面的因素，尤其是一些细节。比如：走路时挺胸抬头，会觉得自己很有精神；出门的时候照照镜子整理好仪表，会对自身形象有个积极的评价；学习的时候整理好桌面，摆放好物品，让自己感到很从容很有条理；说话的时候清晰大方，让自己感到自信沉稳……这些看似微不足道的地方，其实都会不知不觉地影响一个人的精神风貌。

3. 对自己说一些鼓舞的话

成功的演讲者，每天都对自己说："我行""我正期待着""比上次情况好多了"，等等。说这些话的时候最好是有声地说，请"意识"调动内心深处的"潜意识"。可以站在镜子面前，看着自己的眼睛，真诚地表述自己的愿望："你马上要参加一场至关重要的演讲比赛了，我相信你的实力，只要肯努力，你一定可以成功的！加油！"总之，要学会从各个方面鼓舞自己，这样，一场演讲下来，不论发挥得如何，都自我感觉良好。

7

大爱心理，演讲是传播"爱"的方式

  大爱是一种处世哲学，也是一种生活智慧。大爱是中华民族的优良传统，是每个人身上都不可或缺的品质。人类作为万物之灵，无论在工作还是生活中，都应该怀揣着一颗大爱之心。在这个世界上，无论是谁都没有机会去给人生提前进行彩排，所以每一个细节都是现场直播。这也就要求我们：必须把"大爱之心做事，感恩之心做人"当成自己行走人间奉行的基本宗旨。

  因此，我们要认识到这一点：越是做着对人们具有影响力的事情，我们就越是应该秉持自己的大爱之心，传播正能量，传播有价值的东西。而不是带着满满的负能量，甚至是不负责任地宣扬一些不恰当的观点和想法。尤其是作为一个公众演讲者，越大的场合就会造就越大的影响力。演讲的影响力是非凡的，所以我们更应该传播大爱。

  我有一个朋友，他组织过好几次公众演讲的活动，也曾担任其他许多活动组织方的顾问，因此经常有一些希望登上这个演讲舞台的人，以及一些已经确定下来的演讲者找到他，问他："我要怎样演讲，才能够获得台下听众的认可呢？"

第四章
调整心态：你的态度决定一切

当他们问他这个问题的时候，他没有立即去回答，而是用一个问题反问他们："你为什么要做这个演讲？"这个时候他们可能就会陷入深思，过了一会儿，他们多数的回答是这样的："因为这是我树立自己品牌，提高自身影响力的最好机会。"或是："因为我一直想要成为一个演讲家，我想做一个站在舞台上就能影响别人的人！"他们够坦诚，至少这一点还是值得称赞的。然而这些回答的问题在于：他们都是以演讲者为中心，而没有以听众为中心。

所以在这里，他想和大家说的是：你只有成就了听众，听众才有可能成就你！听众选择听你的演讲，是为了满足自己的需求，当你作为一名演讲者，通过传播你的思想而满足了他们需求的时候，你觉得你的魅力还能不大吗？你觉得你的影响力还不够深吗？你还担心自己没有获得好的口碑传播吗？不会的！只要你做得到位，听众就会成为你最佳的支持者！听众就会自动自发地去传播你的能力和事迹！

怀揣大爱心理的演讲者，通常都会受到听众的尊敬与喜爱，因为从人性的角度出发，没有一个人不喜欢对自己付出，并且会负责的人。因此，作为演讲者，如果希望自己未来长期地走在演讲的道路上，那么就必须具备一颗大爱之心，你要知道自己每次踏上舞台的目的，都是为了给予！和听众真诚地分享你的观点、你的思维、你的知识，让他们能够在你的话语中感受到快乐，感受到真诚，并且真正得到自己想要的东西，这样你才能够称得上是一位出色的演讲家。

那么，演讲者要怎样去做，才算具备大爱之心呢？其实很简单，只要我们能够做好以下两点即可：

1. 真诚地分享自己的观点

听众选择听你的演讲，就代表他是你的支持者，你要尽自己所能让你的支持者得到他想要的东西，不要去糊弄他、敷衍他。对听众负责，其实就是在对自己负责。

2. 传播正能量

演讲就是通过一对多的形式，去传播自己的想法和观点，提高效率的同时，也是在提高影响力。作为演讲者，我们要对自己的言行负责，要向听众传递正确的、有价值的、正能量的信息。

演讲的过程，就是一个传播"爱"的过程。传播者和受众之间言语的沟通、情感的沟通能像波浪一般起伏绵延，然后传递到演讲舞台之外的地方，这也就是我们说的口碑传播、口碑效应。因此，演讲者永远不要小瞧演讲所带来的影响力，登上舞台演讲的人，不仅仅是为了自己，更为了自己以外的更多人，让自己散发出大爱的光辉魅力，去带动、影响台下的听众，让他们通过你的演讲能够找到自己想要的东西，甚至是成就他们的人生！演讲者请记住：你站在舞台上能够影响的人越多，你的成就会越大！

第四章

调整心态:你的态度决定一切

8
切忌模仿他人,学会保持自我

很多刚学演讲的人,都觉得自己距离那些侃侃而谈、魅力十足的演讲家差得太远!其实不然,只要自身肯付出足够的努力,人人都能够成为光彩熠熠的演讲大师!说实话,我们可能都很羡慕那些出众的演讲家,因为他们把表演融入了演讲,毫无困难地表达自己,能够毫无畏惧地使用独特的、个人的、富有幻想的方式,说出了想对观众说的话。

马云、乔布斯、雷军,这些卓越的商业领袖们,他们的演讲之所以与众不同,除了因为他们具备个人特色的演讲方式之外,还有一个最重要的原因,那就是他们本身就是与众不同的人物。他们的说话方式与体态语言,正是他们的特点之一。但如果他们想模仿哪个演讲大师,看上去就会让人觉得虚假,他们就会失败。

在一次公开演奏会上,当著名钢琴家帕德列夫斯基上场演奏肖邦的一首马祖卡舞曲时,一位年轻小姐也正拿着曲谱看。她感到很困惑:帕德列夫斯基的手指敲击钢琴的音符,与她弹奏这支舞曲时敲击的完全一样,然而她的表现很普通,帕德列夫斯基却令人入迷。其实，她不知道这其中的关键并不在于音符，而是演奏的方式。帕德列夫斯基在演奏时融入的感觉、艺术才能以及他的个性，构成了凡人与天才之间的差异。

同样，在俄国大画家布鲁洛夫为一个学生的习作做了一点修改之后，学生惊奇地看着这幅被改变了的图画，大叫道："呀！你才改了那么一小点，可是它整个都不一样了！"布鲁洛夫说："真正的艺术就在于那一小点改动之处。"

演讲与绘画，与帕德列夫斯基的演奏都是一样的！同样的道理，也适用于人们的说话态度。在英国国会始终流传着一句老话：一切都由演讲的方式而定，而不是根据事情来定——这是很久以前，当英格兰还是罗马的殖民地时，由昆提加说出来的。事实上，的确如此，一个人的演讲方式，决定了他自身的魅力！

在这个世界上，没有一个人和别人是完全相同的。几十亿人都有两只眼睛、一个鼻子和一张嘴，但却没有一个人是跟别人完全相同的；没有一个人有着与别人完全相同的思想及想法，也很少有人能够像别人那样自然地谈话并表达自己的意见，这就是一个人独特的个性特征。作为一名演讲者，这就是最宝贵的财富。要抓住它，珍惜它，发挥它，它将会让我们的演讲产生巨大的力量。"这是你个性中唯一而且真实的凭证"。请记住，千万别把自己装进模子里，抹杀了自己的个性。

美国历史上最著名的一场辩论，发生在1858年的伊利诺伊州大草原城。辩论双方是道格拉斯参议员和林肯。林肯的身材高而笨拙，道格拉斯却矮小而优雅。这两个人不但在外表上迥然相异，个性、思想

第四章
调整心态:你的态度决定一切

和立场也完全不一样。

道格拉斯是上层社会人士,林肯却有"劈柴者"的绰号,他往往穿着短袜就走到大门口去接见民众。道格拉斯十分儒雅,林肯则显得有些笨拙;道格拉斯完全没有幽默感,但林肯却是有史以来最伟大的故事家;道格拉斯难得一笑,而林肯则经常引用事实及例子来展开论述;道格拉斯骄傲而自大,林肯谦逊而宽厚大度;道格拉斯说起话来犹如狂风暴雨,林肯则比较平静,表现得从容不迫。

他们都是声名卓著的演讲家,都具有无比的勇气和良好的感染力。但如果他们当中某个人企图模仿对方,就一定会输得很惨。他们都把自己独特的才能发挥到了极致,因而显得与众不同,更具有说服力。

总裁智慧系统课程中,始终都在强调:世界上没有两个人是完全一样的。每一个新生命,在太阳底下都是一件新事物,在此之前没有和他相同的东西,在此之后也绝不会有。因此,演讲者也要知道:自己的演讲风格应该是独一无二的!所以,在学习演讲、尝试演讲,并进阶为演讲大师的路上,演讲者必须懂得去寻求自己独特的个性,使自己与众不同。

每个人都有属于自己的演讲魅力,尽量去发挥自己的长处,永远记住:演讲魅力的核心最重要的是人!如果你是演讲者,一定学会在演讲的过程中突出地展现出自己的魅力,就像少女峰白雪皑皑的峰顶与瑞士那蔚蓝色的天空相互辉映那样显眼。当听众沉醉于你的魅力之中时,他们自然就会对你认可与喜爱,而你的演讲也就成功了。

导师语录

优秀的演讲者不仅要以良好的人格素质、思想道德素质和文化素质作保证,还要有良好的心理素质作基础。

无论站在什么场合进行演讲,你都必须保证有一个"值得分享"的观点,给听众一个听你演讲的理由。

演讲者常犯的一个最大的错误就是:试图用一次演讲和听众去分享自己的毕生所学。其实专注于一个观点,更容易吸引听众的关注。

对于一位优秀的演讲者来说,他所需要的不仅是口若悬河,还需要恰如其分的幽默。

自控力强的演讲者能适应客观环境,主动调节自己的情绪和情感,使用得体的言谈举止。

心态决定演讲者的行为,行为决定演讲者的表现,表现决定听众的态度。

一个演讲者的工作是同听众情感相通,从而激发他们用不同角度的视角去看待世界。

演讲新手犯的最大的错误就是把自己武装得太专业而显得太一本正经,这样不仅不讨听众喜欢,还容易被戳穿。

只要在演讲中抓住听众的感情爆发点,演讲成功是很容易的事情。

对于一个演讲者而言,如果不能保证自己以积极向上的态度,去发表自己的演说,那么就会直接影响到听众的心态。

· 第五章 ·

把握技巧：让你在舞台上绽放光彩

  作为一名演讲者，只有掌握一定的演讲技巧，才能轻松自如地驾驭演讲，并且和听众产生积极的互动效应，从而让自己在演讲舞台上绽放出光彩。但是演讲者要永远记住：技巧只是演讲的"外饰物品"，所有的演讲技巧都代替不了内容和思想本身，你要表达的观点永远凌驾于所有的技巧之上。

——卓越商业导师　苏学锋

第五章
把握技巧：让你在舞台上绽放光彩

1

演讲中，语言长短需适度

演讲和书面语言不同，书面语言句子长，可能表达的相对精确且全面，而演讲句子长，繁冗复杂，难以理解，听众思考起来比较费脑，因为眼睛看和耳朵听还是有一定差距的，这一点作为演讲者一定要为听众考虑到。所以这时候，表述语言简洁明快，反而会生动有力，充满生气。

在演讲的过程中，一定会产生一些"不言而喻"的情境和语境，表达时可以借助非言语传播手段（如语调、语速、衣着、手势、表情等等），所以尽管句子简短，仍能很好地传情达意，而且琅琅上口，有助于记忆。演讲语言的短句特色，是指演讲者在演讲中，把本来可以用长句表达的意思变成短句，使演讲语言显得短小精悍、明快有力。

据不完全统计，善于宣传鼓动的宣传教育工作者李燕杰、曲啸、彭清一、刘吉等的演讲，其句子的长短一般均在八个字左右。国外的一些演讲大师，如列宁、林肯、丘吉尔等，他们讲的是欧化语言，虽然句子稍长些，但也都在十个字（中文译文）以内。所以，从中外演讲大师的实践来看，短句特色是一种成功的演讲技巧。

林肯在他一生中发表过许多重要演说，但最引人瞩目、评价最高的一次演说，就是在葛提斯堡为纪念一次战役胜利和庆祝国家烈士公墓建成的大会上的演讲。这次演讲不到3分钟，共10句话。当时，新闻记者甚至连拍照都来不及，他却已经讲完了。但他的演讲观点明确，第一次明确地提出了"民有、民活、民享"的资产阶级民主革命思想，而且逻辑严谨、语言精湛深刻，有极大的鼓动力和号召力。3万多听众发出了经久不息的掌声。连在他之前演讲了两个小时的著名演说家埃弗雷特也写信给林肯说："如果我在两个小时内所讲的东西，能稍微涉及你在两分钟内所讲的中心思想的话，那么，我就十分欣慰了。"

在现代交往中，社会节奏快，时间观念强，说话简洁会给人一种生机勃勃的感觉。说出的话自然就有力度，而演讲因其特殊的存在形式，更是如此。恩格斯曾说："言简意赅的句子，一经了解，就能牢牢记住，变成口号，而这是冗长的论述绝对做不到的。"由此可见，要提高演讲效果，就要注意长话短说，使句子简洁明了，短小精悍。

例如"人不犯我，我不犯人；人若犯我，我必犯人""敌进我退，敌驻我扰，敌疲我打，敌退我追""不是不报，时候未到；时候一到，一切都报"等等，也都是长句短说的典型例子。这些短句，不仅简洁明快，而且能给人以深刻印象，便于记忆，经久不忘。

1985年9月底，上海《青年报》记者对上海铁路新客站工地总指挥进行了关于工程什么时候能完成的采访。

总指挥严肃地发表即兴演讲："不超国家预计开支，不误工

第五章
把握技巧：让你在舞台上绽放光彩

期！这是我们向党、向人民立的军令状。缩短生命，无所畏惧！延长建设工期，办不到！党，不允许；人民，不允许；我们的年龄，更不允许……困难再大，我们靠党的领导，人民的支持；问题再多，我们靠设计人员的聪明才智去攻克难关；时间再紧，我们靠创业者争分夺秒的拼搏精神……"

这位总指挥的演讲，斩钉截铁，掷地有声，充分表现了大无畏的英雄气概。在这里，可以看出，总指挥的演讲有一个重要的特点：句子短。与短句相比，长句无论在气势方面，还是在力量方面都要逊色得多。所以，短句特色是提高演讲效果的一种重要方法。

在运用短句特色时，事先一定要有充分准备，能用短句表达的，决不用长句，或者把长句化为若干短句。在演讲时，若有的句子不宜变为短句，就不必硬性地使用短句，而应注意长、短句的交叉使用，使长、短句相互补充，相得益彰。演讲语言疏密有致，波澜起伏，也能使演讲丰富多彩，吸引听众。

所以，我们无法断定：演讲的语句是短一些为好，还是长一些为妙，这不能一概而论，只要我们的演讲有内容，有感情，其实长短都可以。在运用短句特色时，事先一定要有充分准备，能用短句表达的，决不用长句，或者把长句化为若干短句，特别是如果本来就没有多少话可说，而喋喋不休，更会让人生厌。即使演讲的内容很充实，如果太长，也会让听众受不了。与其长而让听众生厌，不如短一些给人留下深刻印象。其实演讲短一些未必不能把问题说清楚。短，一方面能让听众意犹未尽，一方面能表现出演讲者的概括能力。

演讲受听众可接受性的制约，面对听众演讲往往有一定的时间限制，所以修改演讲稿时还须考虑篇幅长短是否符合规定的时限。如果超过规定的时限，应当压缩文字，删减篇幅。倘若不到规定的时限，有必要的话，还要再增加材料、扩充内容。最好是在保持内容完整的前提下，使内容具有一定的伸缩性。这样临场时，可以根据听众的反应随时做出调整，灵活机动地把握时间。

把握技巧：让你在舞台上绽放光彩

2

避免出错：演讲中的八大禁忌

演讲是一门艺术，虽然说正面培训会起到很大的作用，但是也要学会掌握一些对演讲影响很大的负面因素，加以改正或是防止犯错。知道哪些话不该说，才能使演讲顺利进行。这也是提高演讲技能必不可少的一个环节。

演讲口才中常见的禁忌有以下8条：

1. 忌吐词不清、含混模糊

有的演讲者不善于把握演讲的轻重缓急，虽连炮珠式地将整个演讲讲完，但因吐词不清，或语速过快，往往使听者不知所云。

2. 忌言语空洞、表达无力

言语空洞是言之无物的表达。有的单位一年一度的总结会开幕词用的是陈年的演讲稿，内容照旧，年年如此，毫无意义。

3. 忌信口开河、杂乱无章

有人的演讲材料过于庞杂，讲起来像开无轨电车，开到哪里算哪里，叫人摸不着头绪。还有的不合逻辑，无法让人信服。

4. 忌乏味无趣、呆板冷漠

有的人演讲时毫无表情，呆若木鸡，甚至肌肉紧绷，脸色铁青。缺乏演讲情趣，语言冷淡，如同嚼蜡，叫听者直打瞌睡。

5. 忌繁冗复杂、艰涩难懂

演讲若使用书面语言，则使人感到艰涩难懂。尽量避免使用书面用语，更不要"文夹白"，演讲要简单明了，群众才易懂。

6. 忌用口头禅、粗俗词汇

有的演讲者老带一些"口头禅"，诸如"啊""是吧""怎么样""那么"等等。这不妥善、不贴切、不礼貌、不恰当。

7. 忌玩笑过度、不分场合

开玩笑是为了调动现场听众，可是很多演讲者都说得太过，结果弄得场面十分尴尬，不仅影响听众情绪，还可能收不了场。

8. 忌结尾拖拉、故弄玄虚

结尾应该简洁，富有意味，有话则长，无话则短。但有的演讲者总是担心听众不明白，常节外生枝、画蛇添足。

把握技巧：让你在舞台上绽放光彩

3

用幽默段子来活跃现场气氛

幽默是人的思想、学识、智慧和灵感在语言运用上的结晶。笑话，是当今社会人际交往中不可少的艺术手段，它往往是一个短小的故事。但笑话不一定就等于幽默。也就是说，幽默的人一般都会说笑话，而会说笑话的人未必一定是幽默的人。因为总是有的人把笑话用错了地方，掌握使用幽默的技巧很重要。

在一般情况下，听众都渴望听到轻松有趣的演讲。那种基调过于严肃、内容过于单调的演讲是难以得到听众好评的。演讲者善于在演讲过程中穿插一些趣闻、轶事、幽默、笑话等方面的内容，使演讲的观点形象化、生动化，加深听众的理解和记忆；还能增进演讲者与听众的交流，调动演讲气氛，强化现场效果，消除听众的压力，振作听众的精神，使听众的注意力集中于演讲本身；同时还能给听众带来欢乐，让会场充满笑声，使听众更喜欢和信任演讲者。

演讲者还可以通过讲述自身经验中那些人人有同感的矛盾之处作为"楔子"。著名作家吉卜林在向英国一个政治团体发表演说时，使用了下面的幽默，引得全场听众捧腹大笑：

"主席,女士们先生们:我年轻时,曾在印度当记者,专门替一家报社报道犯罪新闻。这是很有趣的一项工作,因为它使我认识了一些骗子、拐骗公款者、谋杀犯以及一些极有进取精神的正人君子。

"有时候,我在报道了他们被审的经过后,会去监狱看看这些正在服刑的老朋友们,我记得有一个人,因为谋杀而被判无期徒刑。他是位聪明、说话温和而有条理的家伙,他把他所谓的他的'生活的教训'告诉我。他说:'以我本人作例子:一个人一旦做了不诚实的事,就难以自拔,会一件接一件把不诚实的事一直做下去。直到最后,我发现,我必须把某人除掉,才能使自己恢复正直。'(听众大笑)哈,目前的内阁正是这种情况。"

吉卜林没有平板地陈述记忆中的旧闻旧事,而是幽默地围绕准备进入的政治话题渲染了一些近乎怪诞的趣事,从而建立起了自己和听众的沟通点。

幽默能产生意想不到的吸引力。我们总是可以在幽默中发现睿智的光芒。思路清晰、反应敏捷、妙语惊人是具有幽默感的演讲者的共同特征,他们总是可以从容地面对各种纷繁的场合。幽默故事常常是快乐的源泉,你可以利用它们为你的演讲增光添彩。比如,你可以拿一个笑话作为基本内容,然后以它为母体加以变通使之适合某个指定的题目,或者发展它的某种可笑性,从而衍生出一系列笑料。

有一次,孙中山在广东大学讲民族主义。礼堂非常小,听众很多,天气闷热,很多人都没精打采。孙中山便穿插了一个小故事:"我在香港读书时,看见许多苦力聚在一起谈话,听的人哈哈大笑。我觉得奇怪,便走上前去。有一个苦力说:'后生哥,读书好了,知道我们的事对你没有什么帮助。'又一个告诉我:'我们当中一个行

把握技巧：让你在舞台上绽放光彩

家，牢牢记住那马票上面的号码，把它藏在日常用来挑东西的竹杠里。等到开奖，竟真的中了头奖，他欢喜万分，以为领奖后可以买洋房、做生意，这一生再也不用这根挑东西的杠子过生活了，一激动就把竹杠狠狠地扔到大海里。'不消说，连那张马票也一起丢了。因为钱没有到手先丢了竹杠，结果是空欢喜一场。"

孙中山风趣的话，引来台下一片笑声。孙中山接着回到主题："对于我们大多数人，民族主义就是这根竹杠，千万不能丢啊！"孙中山先生这个充满幽默感的故事不仅让昏昏欲睡的人们清醒过来，也使自己的演讲取得了良好的效果。

大凡出色的演讲家都十分注意在演讲中运用幽默的语言。因此，初学演讲者就必须在背诵较多的笑话和幽默故事的基础上灵活地使用幽默语言，这样才能逐渐提高自己的幽默感。在演讲中，为了增强演讲效果，加深听众印象，可以穿插现成的幽默语言。但穿插时要注意：穿插进来的内容一定要同话题有关，应能起到说明、交代、补充的作用；穿插的内容务必适度，不可过多过滥，造成喧宾夺主，中心旁移；衔接务必自然得当，切不可让人觉得勉强或节外生枝。

除此之外，我们还要关注速度的问题，讲的太快或者是太慢都不能达到预期的效果。因而我们必须要掌握好速度，把时间控制得恰到好处，听众才能充分享受幽默带来的乐趣。另外，演讲者不一定非要事先准备一些幽默笑话。适当的就地取材创造幽默也是可以的，把日常生活中那些富有特点的人或事里注入幽默的因素，使之成为推进演讲时得心应手的材料，以博听众一笑。

4

找准窍门，才能说动人心

演讲最重要的目的之一是说动人心，下面是几种使你能说动人心的演讲方法：

1. 运用想象的方法

运用想象的方法，可以使一个很大的数目，因为分配时间较长，且和日常某种微小的费用相比较，看起来像是很小。某人寿保险公司的一个经理，对他的属下讲保险费的价值，他说："假使有一位不到30岁的人，自己刮脸，每天省下5分钱的刮脸费，存下作为保险费，他死后可以留给家属1 000元；假使有一位34岁的人他每天本来要抽两角五分钱的香烟，现在，把这抽烟的钱省下来作为保险之后，不但可以多活若干年，死后还可以留给家属3 000元。"

在另一方面，用相反的步骤，把小数目加在一起，也可以显得是一个很大的数目。有一个电话公司的职员，曾把并不重要的一分钟积累起来，用以去感动北京市不肯立刻去接听电话的人们。他说："每100个接电话的人中，总有7个人听到铃声后要迟了一分钟才拿听筒答话。每天，像这样耗损的时间有100万分钟，在6个月之内，北京市迟误的时间，竟把从哥伦布发现新大陆以来，每天所有的工作时间完全

第五章
把握技巧：让你在舞台上绽放光彩

牺牲了。"

2. 适当重复的申述

把一件事情重复申述，这也是把反对我们的意见，以及不能取得我们同意的意见加以阻止，而不使其发生的一种方法。要使大家能够相信并且接受一种真理，只讲一两次甚或是十次是不会成功的。要使真理深印人心，必须要再三地申述。因为听众若是继续听那一件事，在不知不觉中就和这个真理连在一起了，到了后来，他们把那件事静静地记录在脑海中，就像信仰宗教一样不再去怀疑它了。

我们把重复申述的优点讲了不少，可是，我们还得警告没有经验的演说家，重复申述，也是一个危险的工具。因为，它不具有十分丰富的措辞，从而会使听众感到重复而讨厌。若是这样，非但不能吸引他们的注意力，相反他们要时时拿出表来看看时间了。

3. 巧妙运用数字

数字的数量本身是没有感动人的力量的，必须用实例来证明，最好用我们自己最近的经验来表示。有位演讲家，在伦敦市参事会演讲关于劳工的情况，讲到中途突然停了下来，取出他的表，站在那里眼看着听众有1分12秒之久，坐在椅子上的其他参事员，都觉得奇怪，用惊奇的目光，望望演说者再望望身旁的每个听讲者。这是怎么一回事？难道他忘掉了演说词而一时讲不下去了吗？当然不是，他继续再讲的时候说："诸位，方才大家都感到局促不安的72秒钟的时间，就是一个普通工人造一块砖头所用的时间。"这方法有效果吗？他竟使伦敦的报纸，都登载了有关这段演讲的新闻。

你看下面的两种说法，哪一种更有力？

"北京的四星级饭店，共有屋子1.5万间。"

"北京四星级饭店的屋子,如果叫一个人每天换住一间,住了40年还不曾完全住到。"

请读下面两种说法,看看哪一种给你的印象更深?

"在欧战之中,英国花费约70亿英镑或是340亿美元。"

"你不会吃惊吗?这次的欧洲大战,英国耗去的金钱数目,等于一个人从哥伦布发现新大陆一直到现在,日夜不停的每分钟用去68英镑。等于从1066年诺曼底公爵征服英格兰一直到现在,日夜不停,每分钟用去68英镑。等于耶稣出生以来,日夜不停,每分钟用去34英镑。换句话说,英国共用去340亿美元,但是耶稣从降生到现在,才只有10亿分钟。"

4. 一般与特殊的转换

当你用一般的说明和特殊例证的时候,听众很少会觉得讨厌。因为,这是有趣而容易引人注意的一种方法。可以帮助你阻止听众产生与你相反的意见。服从了色彩的定律,意大利名画家达·芬奇便完成了他的名画《最后的晚餐》;服从了演说的定理,李燕杰成为了著名的演讲家。听众大都愿意演讲的人说出些名字和日期,所以你说了出来,可以使人感动,可以获得人家对你的信任。

比方说,"许多富人的日常生活是很简单的"。这一句话并不怎样的动人,因为说得太空洞,像写在书本上的字,决不会跳起来刺激你的眼睛,所以不久就在你的心中悄然消逝了。而且,也许你会记起报纸上刊载富人华贵生活的记载,而对这句话生出疑虑。所以要使听众相信,最好是举出一些实例来。譬如把我亲眼看见的种种富人生活说出来,才能有使你得出和我同样结论的可能。而且你也不会来问我"这话是从何说起的"了。举出实事来让人自己去求结论,比用现成

第五章
把握技巧：让你在舞台上绽放光彩

结论的力量要多三五倍。

关于这种例子我们随时都可以举出许多来，譬如：石油大王洛克菲勒，在纽约百老汇街26号的办公室中有一把皮睡椅，他每天中午都要躺在上面小睡；倪润峰，每晚9点钟睡觉，早晨6点钟起床；经营着好几个大公司的李嘉诚的父亲，他从未曾尝海鲜，而且在逝世前几年才开始吸烟。

这些特殊的例子，在你脑海中产生了怎样的效果？这不是把"富人的生活很简单"那句话讲得十分明白了吗？不是像演戏一般地表演出来，使你得到真实的感动了吗？

5
情绪激昂,增强自身感染力

假如演讲者在介绍自己的观念时能更加富有感性,并把自己的热忱传递给听众,通常是不会引起听众的对立情绪的。所谓的"传染性的热忱"指的就是这一点。这种热忱会把一切否定和对立的观念扫至一边。假如你的目标是在说服听众,请记住:鼓励大家的情绪要比引发思考有用得多。

很多时候,激昂的情绪都要比冷静的思维更具威力。要想把群众的情绪鼓舞起来,演讲者必须把自己的热情传递给听众。如果你想给听众留下一个好的印象,你必须先给他人留个好印象。你的精神会通过眼睛发出光芒,通过声音释放热情,也经由一举一动展现你自己,从而与听众展开直接沟通。

每次你开口讲话,而且目的是要说服对方时,你的所有表现都会影响到对方的态度。假如你表现得不起劲,你的听众也不会起劲;假如你的态度随便或不够包容,你的听众也会如此。在演讲中,万马奔腾,情绪激昂的气势可以增强"感染力"。

罗斯福著名的演讲——《1941年12月7日——一个遗臭万年的日子》中,有这样一段话:"昨天,日本政府已发动了对马来西亚的进

第五章
把握技巧：让你在舞台上绽放光彩

攻。

昨夜，日本军队进攻了香港。

昨夜，日本军队进攻了关岛。

昨夜，日本军队进攻了菲律宾群岛。

昨夜，日本军队进攻了威克岛。

今晨，日本进攻了中途岛。"

排比是一种写作修辞手法，也是一种普遍应用的演讲技巧。排比是用句法结构相同的段落、句子或词组，把两个或多个事物加以比较，借以突出它们的共同点和不同点。很多时候，排比的段落或句子是以一种递进的方式排列，营造出一种雷霆万钧的气势，同时琅琅上口，富有乐感。

上面罗斯福的演讲就运用了一段气势如虹的排比句，它不仅简洁有力，且掷地有声，充分说明了日本军国主义侵略成性和企图称霸世界的野心。话虽不多却句句切中要害，能激起听众对日本法西斯无比的愤恨。

美国著名的黑人解放运动领袖马丁·路德·金，不仅是卓越的政治家、革命者，还是一位雄辩家。他的演讲好似春风化雨，能激发起美国黑人无比激动的心。1963年8月28日，在美国首都华盛顿举行的"自由进军"黑人集会上，马丁·路德·金再一次为千百万黑人做了热情洋溢的演讲，其中有几段话极为精彩：

"100多年前，一位美国伟人签署了《解放宣言》。现在，我们怀着无比敬仰的心情站在他纪念像投下的影子里。

"这份重要的文献，为千千万万正在非正义烈焰中煎熬的黑奴搭起了一座伟大的希望灯塔。这文献,有如结束囚室中漫漫长夜的一束欢乐的曙光。

"然而,100年后的今天,我们都不得不面对黑人依然没有自由这一可悲的事实;100年后的今天,黑人的生活依然悲惨地套着种族隔离和歧视的枷锁;100年后的今天,在物质富裕的汪洋大海之中,黑人依然生活在贫乏的孤岛之上;100年后的今天,黑人依然在美国社会的阴暗角落里艰难地挣扎,在自己的国土上受到放逐。

"所以,我们今天聚集到这里,揭露这骇人听闻的事实。这就是我们的希望。这就是我带回南方的希望。怀着这个信念,我们能够把绝望的大山凿成希望的磐石;怀着这个信念,我们能够将我国种族不和的喧嚣,变为一曲友爱的乐章;怀着这个信念,我们能够一同工作,一同祈祷,一同奋斗,一同入狱,一同为争取自由而斗争。因为,我们明白,我们终将得到自由,我们终将得到原来属于我们的幸福!"

马丁·路德·金的这番演讲,感动了在场的所有人。黑人们流下了眼泪,白人们也流下了眼泪。黑人们为他们所遭受的不公正的待遇而伤心、难过。白人们也许是良心受到谴责,也许是感到对这一切自己无能为力而深感不安。马丁·路德·金使用一个个的排比句,言辞恳切,情深意长。既是对黑人遭遇不平的声讨,又是战斗的号角,将自己的感情表达得淋漓尽致,极富感染性和鼓动性。

通过这么多年的学习和观察,我发现:那些成功的演讲,往往都跟演讲者的情绪有着很大的关系。因此,想要成为一个能带动听众的演讲者,就一定要学会在演讲台上释放自己的情绪,吸引听众的注意力。如果演讲者所讲述的事物具备真实的体验,并且像热衷于某种喜爱的事物一样,就会感染台下的听众。

把握技巧：让你在舞台上绽放光彩

6
八大情绪演绎，学会释放自己

"情绪管理"可以分成两部分：（1）演讲者如何处理朝向自己的情绪，就是别人对演讲者的情绪，对于一个演讲者而言，如何对台下听众的情绪进行回馈则成了重中之重；（2）演讲者如何管理自己的情绪，应该怎么样跟自己相处，从而达到最佳的展现状态。

下面，我们先看一个调动情绪的例子：

2009年1月15日，载有155名乘客的美国航空公司1549航班在纽约市拉瓜迪亚机场起飞，不到3分钟时间，两具引擎就因撞上加拿大雁群而失灵。好在故事的结局还不错，冷静理智的机组成员选择降落在哈得孙河。等待救援的6分钟对于所有的人来说都是一场恐怖的回忆。

在这次飞机事故中幸存的里克·伊莱亚斯两年后有机会在TED发表了他的演讲。在谈及家人时他不禁动容："那种悲伤源于一个想法，那是我唯一的心愿，我只希望能看着我的孩子们长大。"

说起这段话的时候，里克先生的声音变得温柔，同时放慢了语速，他停下来整理情绪以便能继续演讲。这种真实情绪的流露，成为

他演讲的关键。正因为他打造了一条和听众紧密连接的感情纽带,才使听众接受了他那个值得传播的观点。

从上面的例子中,我们可以看出:情绪对听众的感染力是巨大的。因此,一个合格而优秀的演讲者要学会通过自己不同的演讲内容向听众展现自己的情绪,释放出自己的最佳活力!

在演讲中,我们常用的情绪有八种,它们分别是愤怒、兴奋、恐惧、紧张、悲伤、惊讶、失望、神秘。下面让我们来分析一下八大情绪中的特定情境:

愤怒

有时候我会感觉受到骚扰。开车路过的人们会冲着我大喊:"去找一份正经事儿干吧!"

兴奋

"天啊,令我没有想到的是:我写的书不仅成了畅销书,还获了奖!现在我已经和一个知名的影视公司签约了。"

恐惧

"有时候我会为了找一张床过夜而发推文,有时候我会在夜里按响下东区某家的门铃。这个时候我总是想到我之前从来没有独自做过这些事。我总是和我的乐队或队员们在一起。这就是笨蛋们做的傻事吗?他们就是因此死去的吗?"

紧张

"你看!就在那一刹那,如果他再不做出决定,那么他将面临失去两个挚爱的亲人!可是那对他而言多么残酷啊!"

第五章

把握技巧：让你在舞台上绽放光彩

悲伤

"所以我对与人邂逅的印象最为深刻。特别是那些孤独的人，他们看起来几星期都没有和任何人讲话了……"

惊讶

"这个翩翩少年，为什么在短短三个月的时间里，变成了老态龙钟的样子，这简直太不可思议了！他周围的亲人、朋友都十分惊讶！"

失望

"他可能从来没有这么失望过，满心期待地跑到另一个城市，却没有想到一切都已经面目全非，他知道自己可能再也回不去了！"

神秘

"没想到的是，这个黑衣人身手如此敏捷，还没来得及看清他的样子，他就一下子不见了，再也寻不见踪迹……"

7
掌握无往不胜的演讲技巧

总裁智慧系统课堂上,我曾说过:"演讲是有技巧可循的,只要我们把握住演讲中的几个核心,就能够很容易地调动听众的情绪,从而达成自己想要的结果!"下面,让我们来看一下,遵循哪些原则,可以使我们的说服性演讲变得无往而不胜:

1. 寻找赞同点

林肯说:"我展开并赢得一场议论的方式,是先找到一个大家的赞同点。"这其实也正是说服性演讲的秘诀之一。哈利·奥菲斯博士在纽约社会研究学院发表演讲时,详细分析了这种说法的心理依据:懂得说话技巧的人,会在一开始就从听众那儿得到许多"是"的反应。这样就可以引导对方进入肯定的方向。就像撞球一样,原先你打的是一个方向,但只要稍有偏差,等球反弹回来的时候,就完全与你所期待的方向相反了。

在这里,心理的转变方式可以看得很清楚。当一个人真正说"不"的时候,他不仅仅是说一个"不"字而已,他全身的所有组织——内分泌腺、神经、肌肉——都会进入一种拒绝状态。但假如他说"是",这些拒绝状态便都会消失,全身的组织则都呈开放、接受

第五章
把握技巧：让你在舞台上绽放光彩

的状态。

因此，假如演讲者在演讲开始的时候，便能够获得许多"是"的反应，则越有可能使听众接受你的整个意见。接着你可以带着听众一起去热切地找寻你要呈现给他们的答案。在这个过程中，你不妨一步步将你看得十分清楚的事实摆在他们的面前，他们一定会愿意被你引领，很自然地接受你的结论。对于这种他们自己所"发现"的事实，他们总会显示出更多的信心。正所谓：最好的争论方法，看起来只像是一场说明。

2. 针对听众兴趣

在一次图书会上，儿童文学作家曹文轩对台下的孩子们说："在巴西的大草原上有个牧羊少年，他接连两次做了同一个梦，梦见埃及金字塔附近藏有一批宝藏。少年历尽千辛万苦来到非洲，穿越'死亡之海'撒哈拉大沙漠，其间奇遇不断，经过一年多的寻宝历险，在他拼命挖出宝藏的时候，一帮匪徒夺走了金子，扬长而去。其中一个匪徒还讥笑他说：'我也连续做了两个梦，我梦见在你们巴西草原上，就有一大批宝藏，可我决不会因为一个梦就跋涉万里。'牧羊少年只好原路返回，峰回路转的是，他在巴西牧羊的地方真的挖出了宝藏！这个故事告诉我们，梦想的实现并不在远方，它就在我们自己的脚下。"

这段演讲正体现了曹文轩的聪明之处，为什么这么说呢？因为他考虑到自己的听众都是些十余岁的孩子，要是依据大人的视角和习惯，刚上台就对着这些稚嫩的孩子强调阅读的重要性，恐怕会起到相反的作用，不仅没有让他们爱上阅读，反而会让他们对阅读产生恐惧感和厌恶感。于是，深谙孩子心理的曹先生，便用巴西作家保罗·柯艾略的著名小说《牧羊少年奇幻之旅》开场，借故事来启发小读者：梦想的实现不在远方，就在自己每天的阅读与经历之中。如此这般，孩子们也就能因喜欢故事而明白其中蕴含的道理。

3. 向听众表示尊敬和热爱

人类天生都需要爱，也需要得到他人的尊敬。人人皆有一种内在价值意识，他们希望被重视以维护自己的尊严。"让我们坐下来谈谈吧，如果我们意见不合，先让我们寻找彼此的原因，究竟存在什么问题，我们立即就会感到彼此之间没有距离，分歧很少，共同点很多，而且我们会发现，只要我们有耐心，有诚意，希望彼此之间进行沟通，就会相聚相合。"

4. 以友善的方式开始

一个智慧的演讲者懂得向自己的听众表示，自己的意见和听众信仰的某些观念很类似，听众就不会拒绝自己的意见了。事实证明，这个方法一般不会让对方产生对立的情绪和意见。一般人通常缺乏这种敏感性，以致很难进入对方充满防卫力量的根据地。一般人错误地以为要进入那个根据地，就必须发动正面的进攻，猛烈摧毁对方的基地。

但结果如何呢？对方会开始产生敌意，心灵之门也开始关闭起来，然后穿着盔甲的武士拔出长剑。这时，一场言语之战就开始了，结果总是两败俱伤，谁也无法说服谁。所以说，要想说服别人，或想让别人对你的话留下印象，最好的方法就是：把你的观念植入到他们的心灵里，避免让对方产生敌对的思想。能这么做的人，必能在演讲时发挥极大的力量去影响、说服别人。

把握技巧：让你在舞台上绽放光彩

8
通俗易懂，才能带动你的听众

有很多演讲家总是因为疏忽大意而导致失败，分析其失败的原因不在于他们的专业知识不牢靠，恰巧相反，他们只管大谈特谈专业，常用自己熟悉，但是听众却不熟悉的语言去进行演讲和沟通。显然他们完全不知道，作为一般听众，对他们所掌握的专业知识或是行业是缺乏了解的。

这样的结果可想而知，尽管他们站在演讲舞台上高谈阔论，并且大量使用自己平时常用的词汇，但却使得那些外行听众根本不了解他们所说的话。所以一般他们没有说多久，就会激起听众内心的反感，这种厌恶的情绪，会导致听众再也不愿意接受演讲者所说的话。那么，一场演讲下来，起到的就是反效果。

有一名在医学院实习的老师在一次公开演讲中，说出了这样的一段话："横膈膜是这样一种东西，如果它被用来呼吸的话，将会明显地帮助肠子的蠕动，而这对你的健康有很大的好处……"这句话还没有说完的时候，台下一个听众忽然就打断了他的话，他一脸疑惑，结果这个听众说了这样一句话："现在听懂了这句话的人请举起手来。"结果出乎这个老师的意料,没有一个人举起手来。也就是说,没有一个人听懂了他的话,这个听众要求他对那句话进行解释,告诉他在让大家知道那东西究竟是什么样的以及究竟如何工作之前,先不要急着往下说。

于是这位实习老师解释道:"横膈膜实际上是一种非常薄的肌肉,它的位置在胸腔底部和腹腔顶部之间,它会随着胸腔和腹腔的呼吸而变化。当胸腔呼吸的时候,它会被压缩,就像一只倒置的洗刷盆;而当腹腔呼吸时,它就会被往下推,使它成一个平面,此时肠胃会受到挤压。而它的这种向下的推力,会按摩和刺激腹腔的上部器官,比如胃、肝、胰等等。当人们呼气的时候,胃和肠又往上推压横膈膜,这样的话,就相当于做第二次按摩。这种按摩有助于人体排泄。许多人的身体不舒服,主要是因为肠胃不适,而一旦我们的肠胃因为横膈膜的按摩而得到适当的运动,那么大部分的不舒服都会消失。"做了这番解释,虽然麻烦了一点,但是台下的听众都听懂了他的话。

世界上著名的演说大师都非常注意一点:那就是一定要让自己的演讲语言通俗易懂,否则听众绝不会为自己的演讲而买单!只有通俗易懂的语言,才能够让听众马上熟悉、马上理解自己想要表达的意思。因此,无论你想要讲述的内容是什么,都要根据听众的能力和水平,将其转化,把自己讲述的内容,用浅显明白的话语表达出来。

与此同时,还要避免采用生涩、冷僻的词语,避免引用不好理解的古文和诗词,避免过多使用专业术语和学术名词。总之。演讲语言要明朗化、浅易化、大众化。其实想要让听众理解自己的话很简单:你可以用他们习惯接受的方式做比喻,进入到他们大脑的思想蓝图里,就可以让他们成为你忠实的听众。

第五章
把握技巧：让你在舞台上绽放光彩

诗人艾青按说是十分精通典雅的语言了，但他在《诗论》中强调说："最富于自然的语言是口语。"他在写诗的时候都注意口语化，他在演讲的时候更善于使用大众化的"现成话"。他在《创作上的几个问题》的讲话中，讲到艺术家多扎根于生活的时候说："艺术家离开了生活，像一棵树从泥土中拔出来，会枯死；像鱼离开了水，也活不了；像小孩子失去了奶，是要掉泪的。"

这里一连用了三个贴切的比喻，生动形象地说明了文艺创作离不开生活的道理。他在《和诗歌爱好者谈诗》中讲到"世界开放了，距离却缩短了"的时候说："我们的时代不是骑着毛驴写诗的时代。一个世纪以前，世界上还没有电影。50年前，我从上海坐轮船到马赛航行一个月；而现在从北京坐飞机到法兰克福只要十几个小时。唐朝杨贵妃要吃新鲜荔枝，要累死多少马；而现在从广州到北京，荔枝叶子上还有露水哩。"这段话使用的全是群众日常生活中的口语。演讲的语言就应当这样浅显通俗，生动活泼。

无论你站在什么场合进行演讲，你都要考虑听众人群的理解能力。假设：你用着专业术语，对着一群民工探讨着世界互联网金融的发展趋势，那么他们肯定会一头雾水。即便那是你想要让他们了解的，但是他们理解不了你的语言，那么你也实现不了想要的效果。

如果演讲者希望自己所说的内容都能被台下的听众所理解，那么就必须学会使自己的语言通俗化，使自己的语言成为人人能懂的语言。不过，切记不要过度，语言要通俗是为了简明易懂，而不是变成浅薄庸俗、单调乏味。我们的最终目的是：既通俗易懂，又具体、生动、形象、活泼。如此才算达到了说话的最高境界。

导师语录

演讲要足够简洁,演讲中的交谈也要简洁。交谈也是一种沟通形式,只是正式程度低于演讲。

演讲必须处理好每一个元素。更重要的是:演讲者必须把每个元素都很好地整合起来,不然任何一个元素出现了意外都可能导致演讲的失败。

在演讲的过程中应尽可能地多使用"你们",以便拉近与听众的距离。

多为听众着想,让他们听得清楚明白,他们才不会在你演讲的时候昏昏欲睡。

避免使用不确定性的词语,因为充满不确定性的演讲是不会有力量的,听众也就很难受到演讲者的感染。

演讲者要设身处地去考量观众的看法。这种考量体现在每场演讲的方方面面,从演讲内容的展开,到视觉效果的设计,与观众的互动等。

为了弄清楚如何有效地在演讲中加入幽默,我们首先必须深入研究一下各种笑背后的心理因素。

对于听众而言,演讲者语速太快实在令人抓狂。

演讲过程中,一段话是否能够引人发笑,有的时候不在于这段话的内容,而在于这段话的表现形式。

如果你有口头禅的毛病,那么试着用停顿的方式去代替,会起到意想不到的效果。

· 第六章 ·

塑造五觉：不仅会说更要会"演"

演讲作为一门艺术，最大的因素取决于有声语言和非有声语言（即态势语）的交融体现。即除了吐字清楚、声情并茂外，还要举止大方、态势潇洒。有一条重要沟通理论：语言7%、语气语调38%、肢体语言55%。可见想要打造一场完美的演讲，演讲家不可忽视"五觉"所起到的作用。

——卓越商业导师 苏学锋

塑造五觉：不仅会说更要会"演"

1
让你的肢体语言，为演讲加分

在总裁智慧系统课堂上，有学员问我："肢体语言有什么特别的作用吗？坐着或者站着不就可以了吗？"我是这么回答他的："一个坐着或站着不动的演讲者是不合格的，因为没有人会关注一块毫无表现力的木头，演讲时的肢体语言非常重要，它需要配合有声语言一起传递信息，它属于交流思想的辅助工具，所以它也被称为伴随语言。在默片时代的电影，就已经充分说明了肢体语言在人们交流与沟通中的重要作用，人类在感知上，视觉的冲击力要比听觉强烈得多。国外研究肢体语言的专家认为：在一条信息所产生的全部影响力中，有多半来自于无声的肢体语言。"

回溯1927年10月，电影《爵士乐歌手》在美国纽约上演之前，电影在默片（无声电影）时代默默地上演了几十年，其中诞生了《战舰波将金号》《淘金记》等经典默片。在默片中，肢体语言是电影里唯一的沟通方式。在当时，能否恰到好处地使用各种手势以及能否巧妙地用身体各部位发出信号与观众交流，是评判演员演技高低的标尺。这足以证明肢体语言对一个人的外在展现，具有十足的影响力。因此，当我们在舞台上演讲的时候，一定要把握好自己的肢体语言，让它与声音等其他因素相互配合。无论是一对一，还是一对多，当你成为一名演讲者的时候，必须要掌握全面高效沟通的技能。

老布什家族无疑是美国名副其实的"第一家族"，因为这个家族缔造了两代总统的传奇。要知道，在没有世袭制的民主国家，父子先后在总统大选中胜出的概率几乎近似于零。不过我们在这里要说的不是这个奇迹是如何难以创造，我们要说的是他们父子在演讲上的得失——主要是肢体语言的得失。

美国宪法规定总统最多可以连任两届，1993年，已经当了四年总统的老布什欲连任，他的竞争对手是克林顿。平心而论，老布什在之前四年的任期内做得还是有一定成绩的。在老布什与克林顿的电视辩论中，虽然老布什讲的论点对于美国人民非常重要，但他却不停地看表，让听众感觉他似乎对这个话题与辩论十分厌烦。结果老布什输了，将第52届总统拱手交给克林顿。外界说老布什看表丢了总统，虽然有些偏颇，但这些小的细节——肢体语言的细节，累计起来的能量是巨大的。

8年后，老布什的儿子小布什成功赢得竞选，成为美国第54届总统。小布什在总统的道路上走得比父亲要远，在2005年，他成功获得连任——他比父亲老布什多做了一届总统。小布什的演讲并不尽如人意，经常有"小布什说错话"的新闻见于报端。尽管他口误频频，但这并未影响他的总统连任，也没有影响他到处演讲。据说他演讲时的手势特别多，有传闻说他曾客串过音乐指挥，所以他在讲话时甚至还有音乐指挥家的架势。媒体评论说，布什的手势，总能贴切地诠释文字。这就是肢体语言的优越之处。

塑造五觉：不仅会说更要会"演"

老布什和小布什之间的对比，让我们不得不警醒：作为一个演讲者，在演讲上要又"讲"又"演"，"讲"得好，"演"得也好，方能走向成功。值得注意的是：在演讲中态势语的恰当运用可以表现一个人的成熟、自信、涵养、气质和风度。演讲者要根据自身条件，选择符合自己的身份、性别、职业、体貌的、有表现力的、合适的肢体动作。

学会运用有活力、有感染力的肢体语言，能够帮助你提升演讲的表现力，不管你处于什么场合，出于什么演讲目的，都能够帮助你塑造良好的形象，为你的演讲加分。因此，你必须懂得改进自己的肢体语言，就像注意你说话一样去注意它，那么你的影响力将直线飙升！下面，我们来看两个例子：

1917年5月14日，在演讲台上，列宁时而来回走动，时而有力地挥动双臂，时而俯身。在演讲中，他总是那么热情洋溢、精神振奋。他用激昂的声调，适当的动作，感染着台下的听众。列宁的演讲和激情，很自然，不做作，他既没有用美丽的词藻来哗众取宠，也没有用无病呻吟来博取同情，而是以自己坚强的信念和执着的追求来激励、鼓舞听众，号召他们起来斗争。

林肯演讲的时候，如果想要表现欢乐的情绪，他就会把自己的两只胳膊高高举起；痛斥奴隶制的时候，在痛心处他会将自己的双拳静静地握住，在空中连续用力地挥动几下……这样做，可以让林肯将自己的观点、情感直接而强烈地表达出来，使听众深受其感染，从而缩短与他的距离。

在演讲的过程中，演讲者运用适当的肢体语言，不仅可以将听众的注意力吸引过来，还可以把自身的思想表达得更加完整充分，把自身的意念表达得更活泼生动，把自身的情感表达得更加淋漓尽致，从而将更深刻、更鲜明的印象和记忆留给在场的听众。

当你站在演讲的舞台上，一个无心的眼神、一个不经意的微笑，甚至于一个细微的小动作，都有可能带动听众的情绪，可能会为你的演讲增色不少。那些被我们所忽略的微小的肢体语言，其实有着我们想象不到的魔力。想做一个出色的演讲者，就必须学会巧妙运用肢体语言，把我们的演讲变得更加生动，更加迷人。

2

服饰仪容：打造完美首因效应

你是否有过这样的经验：遇到一个人，看到他的第一眼就很喜欢，于是产生了一见如故、相见恨晚的感觉。这种本能地喜欢或者讨厌一个人的感觉，是人无法克制的本性。而看人的第一眼，主要停留在人的服饰和仪容上。因此，演讲者的服饰、仪表、神态，应给观众留下最佳的"第一印象"。

当听众见到演讲者衣着整齐、合体入时，表情自然，则会认为他做事细心，有条有理，进而会想，他也一定有责任心，那么心里就会产生最初的中意的感觉，并且还会联想到其人会有这样、那样的能力。倘若演讲者给听众的最初形象是衣冠不整，嘴巴里骂骂咧咧，听众定然会得出其缺乏道德观念的结论，甚至还会联想到这个演讲者的其他缺点。

一家著名院校为了证明服饰仪容对演讲者的影响，于是在校内挑选了六十八个自愿参加实验者，这些应试者的外貌、口才及对事物的理解判断能力都是挑不出毛病的，但仪表、风度却大不相同。

他们按照自己的装束和演讲风格，登台发表演说，之后让台下的听众去投票。除此之外，他们在演讲完毕之后，还要征求四位素不相识的过路人的意见，以期得到他们的支持。毫无疑问，最后的结果是：风度翩翩者胜过了仪态平平的对手。

那些登台讲演时，仪容不修边幅，肮脏邋遢，或者是过分修饰的同学，都被最先刷掉了。好的服装仪表，要求整洁、大方，有风度，除此之外，还应该同身份相称，不宜过于奇特。那种自恃高雅，油头粉面，衣冠楚楚，似奶油小生的装束；或一味追赶时髦，仔裤港衫，长发垂肩，仿洋人港客模样，也不适合进行演说。

上面的例子足以向我们说明：穿着打扮具有明显的信息暗示功能，服饰的颜色、式样、档次和搭配，均可以显示一个人的性格爱好、文化修养、生活和风俗习惯。有研究表明，讲究衣着打扮的人自尊心和工作责任心较强，而穿着过于随便者多半不拘小节。在初次交往中，讲究衣着打扮的人能给人留下比较深刻的印象。

下面我们就简要介绍穿着打扮中的"TPO"原则。

在服饰打扮上，必须完全服从国际公认的"TPO"原则。

T（Time）指时间，即服饰打扮必须根据时间来决定，是个广义的概念，既指时令、季节，又指具体月日或星期几，也可具体到一天内的白天、黑夜、钟点、时辰。一个在三伏天还身着深色长袖制服的人，给人的第一印象不会太好。

P（Place）指地点、场所、位置、职位，即服饰打扮应与所处的场合相协调。

O（Object）代表目的、目标、对象，试图通过穿着打扮来达到

第六章
塑造五觉：不仅会说更要会"演"

给对方留下一个什么印象的目的，有目标地来选择服饰。

具体说来，穿着打扮既要自然得体、协调大方，又要遵守某种约定俗成的规范或原则。服装不但要与自己的具体条件相适应，还必须时刻注意客观环境、场合对人的着装要求，即着装打扮要优先考虑时间、地点和目的三大要素，努力使穿着打扮的各方面与时间、地点、目的保持协调一致。

按照人的习惯，我们往往会在7~20秒之内就给别人做出了判定，而别人也是这样给我们做出了判定，这就是彼此在对方心中留下的印象，这种印象极难改变并且可能会延续一辈子。这就是我们为什么本能地喜欢和讨厌一些人。我们总是通过一个人的穿着打扮，去判断他的审美水平、文化修养以及综合素质。整洁大方的仪表，不仅能展示一个人的个性魅力，更能体现他对别人的礼貌。

尽管我们常说："人不可貌相，海水不可斗量。"但是，最先判断一个人就是从其外在的"相"，去揣测他是一个什么样的人。尽管这种以貌取人很片面甚至是很不科学，但却是一种普遍的社会现象，是人们给别人印象和获得印象的基本途径，而且已经成为人们的一种习惯。因此，演讲者要想给听众留下一个专业的、良好的印象，就必须重视自己的服饰仪容。

3
不慌不乱，让自己的举止更从容

在生活中，很多人都恐惧演讲：因为登上舞台的那一刻，他们就会成为台下听众眼中的焦点，自己的一言一语、一举一动都受关注，害怕出错的心理，会导致演讲者的语言和行为变得十分拘谨。但是墨菲定律告诉我们：会出错的事总会出错。这个其实是心理暗示，就是让人的潜意识认为事情不会太顺利，总会有那么一些事情发生而影响结果。

美国著名的企业家、演讲家卡耐基曾向听众分享他年轻时演讲的故事：

参加大学演讲比赛的时候，他总是担心自己会出错，结果连续十二次的演讲比赛，他由于临场慌乱，最终都以失利告终。进行第十三次比赛前，他倍感压力，于是去请教一位老教授。老教授送给他一句话：小伙子，猫抓老鼠的时候，它的全部精神都集中在老鼠身上，它可没有多余的精力去注意自己。由此，卡耐基明白了一个道理：做事情重要的是关注事情本身，投入自己的全部精力，达到忘我的境界才能赢。

过于关注听众对自己的态度，反而会让演讲者乱了分寸。除此之

第六章
塑造五觉：不仅会说更要会"演"

外，必要的准备也是必不可少的。在总裁智慧系统课堂上，我曾这样告诉学员：只有做到有备而来，才能站在舞台上从容不迫。第一，不会担心自己不知道讲什么；第二，不会被台下的听众所提出的问题给难倒。为什么这么说呢？如果把演讲比作上战场，而你带着有故障的武器，并且身无弹药，你拿什么去战胜敌人呢？下面我们再看这样一个例子：

在纽约扶轮社的一个午餐会上，一位地位显赫的政府官员要当众做一次演讲。在演讲开始前，大家都屏住呼吸、洗耳恭听。但是，大家很快就失去了兴趣，因为这位官员的演说非常糟糕。这位官员平常对自己的演讲很有信心，这次本想来一次即兴演讲，但他刚说了几句话就没词了，在台上直冒冷汗。

这个时候，谁都没想到的是：他竟然从口袋里掏出一沓稿子来，而这些笔记显然杂乱无章，官员的手直发抖，说起话来结结巴巴。在台下，一双双眼睛盯着官员看。而在台上，他就像热锅上的蚂蚁，真是惨不忍睹。而造成这一切的罪魁祸首，就是他事前没有任何准备，从而丧失了自信。没有了自信，从容又从何而来呢？

林肯曾说过：我相信，我若是没有准备好，就是经验再多、年龄再老，我也难以让演讲取得成功。这句话说得太深刻了。要使演讲成功，演讲者就必须有充足的准备。这种准备一般包含两个方面：

1. 准备合适、得体的穿着

人们常说"三分长相，七分打扮""人靠衣装，佛靠金装"，这些都说明了着装的重要性。在演讲过程中，我们必须学会巧妙地包装自己，把自己最光彩、最亮丽的一面展现给台下的听众。如此一来就能为演讲锦上添花，同时，演讲者也会更加从容、自信。

2. 要相信所说的话，说真话、心里话

我曾在课堂上告诫自己的学员："我们在试图使别人信服之前，必须要先使自己信服。"假定一个演讲者预备演讲的题目是"感恩"，如果他自己并没有感觉到感恩的必要性，他讲起来一定没有自信。

我们再看一个例子：

一位牧师到教堂传道，约定的时间过了，但教徒却迟迟没有来。终于，牧师等得有些不耐烦了，他决定到教堂外去看看。走到教堂门口，牧师惊讶地发现了一幕——他5岁的儿子站在大门口，神气地对着一列长长的一字长蛇阵大声说："等一下，要等一下才行，大家排好队！"

原来，前来的教徒都被这个不懂事的小家伙挡在门外。小家伙的脸上冒着汗珠，有板有眼地打着手势，眼睛里显示出不容置疑的神情，而长长的队伍，被他指挥得整整齐齐。他其实是在学习幼儿园阿姨指挥小朋友排队进餐厅的样子。

牧师看了，心里一亮。当天，他临时将传道的题目改成自信。他从自己5岁儿子的这个游戏谈起，问教徒们为什么一个5岁的小孩，能让那么多的大人们相信他、听从他的指挥？"因为，他的样子看上去是那么自信！"牧师给出了答案。

能够号召他人的人，一定是从容而自信的，因为只有这样他人

塑造五觉：不仅会说更要会"演"

才会受到影响。这在演讲中是同样的道理。想要真正做到不慌不乱，从容自然地站在舞台上绽放自己的魅力，是需要长时间的准备和练习的。对于目前那些还无法做到这一点的演讲者而言，可以尝试着从最基础的方法做起：穿干净一点，穿雅致一点，想象自己十分勇敢的样子，十分从容的样子，用它们暂时取代内心的怯懦，慢慢地，就会在不知不觉中变得真的勇敢、真的从容了。

4

巧用脑袋，传达内心的意图

在演讲的过程中，运用头部动作向台下听众传达信息，也是十分重要的一步。还记得在小学的时候，英语老师经常对我们说"点头YES，摇头NO"，这个几乎全世界通行，世界上绝大部分国家和地区都以点头表示首肯，以摇头表示否定。专家们认为这种摇头"不是"点头"是"的首语，是一种天生的人体行为。但是，据说在印度、巴基斯坦等国，点头却是一种否定信号。

演讲者在讲话的时候，可以通过听众的头部动作，来分析他目前的状态。

听众的头部如果始终保持中立的状态，那么就代表他对演讲者的讲话无大兴趣。

听众的头如果下意识地从一侧斜到另一侧，则说明他对演讲者的话感兴趣。

听众的头如果低下去，这是一个消极信号，代表他对演讲者的话缺乏兴趣。

当发现第三种情况时，有经验者往往就会立即停止谈话或换个话

第六章
塑造五觉：不仅会说更要会"演"

题，以免出现不愉快或尴尬的局面。

那么，站在演讲者的角度，又该采用什么样的头部动作呢？在回答这个问题之前，我们先来看看都有哪些头部动作，以及它们所表示的意思。

1. 点头

表示同意、致意、肯定、承认、赞同、感谢、应允、满意，理解、顺从等。

2. 摇头

表示不满、怀疑、反对、否定、拒绝、不同意、不理解、无可奈何等。

3. 歪头（侧头）

表示思考，表示天真。譬如小孩子在听大人说话或者在思考一个问题的时候，喜欢歪着头，并托着腮帮。

4. 昂头

用来表示充满信心、胜利在握、目中无人、骄傲自满等。头一直向后仰，还表示陶醉。

5. 低头

表示顺从、听话、委屈，也可以表示另有想法等。

在掌握了头部动作表示的含义之后，演讲者还要了解在头部动作的运用方面，具体要注意哪些原则：

1. 动作一定要足够明显

由于头部动作并不是特别引人注意，所以我们要让它足够明显，尤其是它发挥替代功能的时候。例如：演讲者到底是点头，还是摇头，必须要让听众看清楚，正确领会其中的含义。

2. 要注意与其他交际语言的配合使用

例如：演讲者点头的时候配合"嗯"，就不至于产生误会。也可以配合其他体态语言使用。有很多成语就体现了这一特点，譬如"点头哈腰""昂首阔步"等。

3. 要注意一些文化差异

例如前南斯拉夫的塞尔维亚人表示同意就是将头向前伸，土耳其人表示否定要把头抬起来，特别是保加利亚和印度的某些民族，用点头表示否定，用摇头表示肯定，与我们的习惯恰好相反。这就要求我们在与这些有文化差异的民族交往之前，先弄清楚他们的习惯。

4. 头部动作使用频率不要过高

虽然在聆听对方说话时，适当的点头或者侧头会让说话的人觉得你在用心听，但是过高的使用频率，就会让听众分散注意力，并且会给人不成熟、不稳重的感觉。

塑造五觉：不仅会说更要会"演"

5 打开心灵之窗：用目光与听众进行交流

在现实生活中，很多演讲者为了掩饰自己内心的不安，都不愿意和台下的听众进行眼神的交流。于是就出现了这样的现象：他们不是低头看地面，就是抬头看天花板，或者眼睛瞟向窗外……这种行为，只能让台下的听众觉得演讲者不够真诚，或者不够专业。这样的演讲无疑是失败的。

眼睛是一个人的心灵之窗。心理学研究表明，在人的各种感觉器官可获得的信息总量中，眼睛要占80%以上。人内心深处的秘密，情感的变化起伏，总是会自觉不自觉地从不断变幻的眼神中流露出来。美国作家爱默生也说过："当眼睛说的是这样，舌头说的是那样时，有经验的人更相信前者。"所以，一个口才出众的演讲者一定要学会和掌握丰富的目光语技巧。

一个知名企业的面试官，在两个出色的候选人中间做出了最后的选择，他毫不犹豫地选择了那个看起来很平凡的女孩。旁边那个漂亮的女孩简直不敢相信这一切，她很不服气地问面试官，为什么会做出这样的选择。

面试官看着她笑着回答:"小姐,首先我要对你说的是,你真的很漂亮,而且还很聪明机智,学历也很高,可是这些对我们公司需要的人才来说并不重要。我只能说你的表现并不能让我满意,在你面试的时候,你的话并不多,在你陈述工作经历的时候,虽然有一些肢体语言,但是并没有给你加分。"

这个女孩对面试官的话感到不解,于是问道:"为什么呢?能给我一个合理的解释吗?"面试官笑着回答说:"因为在你讲话的过程中,你没有我们在座的任何人进行眼神交流,我们无法判断你的诚恳的心意。而你身边的那个女孩,除去学历和能力差不多之外,她在与我们握手的时候还进行了眼神的交流,我从她的眼神中看出了她的诚恳,她的眼神告诉我,她想加入我们这个大家庭,想在这个岗位做出一番成绩,所以我们选择相信她。"

一个人的眼神在演讲中的重要程度不亚于语言表达。眼神也是传递信息和感情的有效方法。眼神在演讲中,具有传递信息、表达感情、控制场面的作用,它可以拉近同听众的距离,让演讲更生动,更有说服力。因此,演讲者不要在演讲中把自己的眼神"藏"起来,大胆地同听众进行眼神交流,善用眼神的力量。

美国第40届总统里根是演员出身,拥有高超的"演"讲技巧。每次演讲他都能充分运用眼神:有时像聚光灯,把目光聚集到全场的某一点上;有时则像探照灯,目光扫遍全场。因此,有人评价他的眼神是"征服一切的戏"。因此,听众们都被他那带有各种意味的眼神而折服。

第六章
塑造五觉：不仅会说更要会"演"

在一个由20个硅谷华人科技协会联合主办的讲座活动上，联想集团董事长柳传志讲述了一段话，描述了他和当时美国总统奥巴马进行的一种虽无声但深有意味的眼神交流。他的原话是这样的："奥巴马跟胡锦涛先生接见中美企业家的时候，我有2分钟的谈话机会，我说：'我们并购了IBM（PC业务）以后，有长足的发展，美国市场上个季度的行业增长是5%，而联想是35%。'说到这的时候，我注意到奥巴马先生的眼神，我看他发呆了一会。"

有"中国企业家教父"之称的柳传志，言谈中带着一股霸气。当然，对不同的对象，柳传志流露出的眼神是不一样的，就拿记者来说，很多记者都觉得跟柳传志很亲近，"是朋友"，因为柳传志的眼神那样真诚、坦率，如同朋友一样。

上面的例子，充分阐述了眼神交流的重要性。身为一名演讲者，一旦站在讲台上就是全场听众注视的焦点。此刻，要学会充满自信地与现场的听众进行眼神的交流。这也就要求我们，必须掌握眼神交流的三种基本方式：环视、虚视、凝视。

环视：就是从左边看到右边，从前面看到后面，照顾到整个会场。在演讲最开始的时候，不要急着讲话，而是暂停一下，面带微笑环视一周比较好。运用这种方法，可使全场听众产生亲近感。但必须注意，一定要照顾全局，不可忽视任何角落的听众；同时，头部摆动幅度不宜过大，眼珠不可肆意乱转。

虚视：就是直接看着某个区域的听众，但实际上并未看着某个人。这个在演讲中应该是运用最多的。演讲者的视线范围在听众上，适合听众比较多的时候。

凝视：就是具体看着某个人，有眼神交流。一般时间在3秒左右，尽量不要超过5秒种。选择一个人作为焦点，然后眼睛慢慢地从一个人移动到另一个人，在每一个人身上停留两到三秒钟时间。眼睛直视听众，或看着他们的鼻梁或下巴。

除以上三种目光语之外，还有一些约定俗成的惯例。比如：斜视表示轻蔑，逼视表示命令，瞪眼表示敌意，不停地打量表示挑衅，白眼表示反感，行注目礼表示尊敬，双目大睁表示惊讶，眼睛眯成一线表示高兴，眼睛眨个不停表示疑问，等等。

现实生活中，很多演讲者不懂得眼神交流的价值，以至于在演讲台上的时候，为了避免紧张，都习惯于低着头看地板或盯着听众的脚说话，这对于演讲而言其实是很不利的。所以，在演讲的过程中，演讲者必须要敢于和善于运用眼神和听众产生链接和互动，这既是一种礼貌，一种修养，又有助于达到较好的沟通效果，为演讲加分添彩。

第六章
塑造五觉：不仅会说更要会"演"

6
如何恰到好处地运用面部表情

我们每个人的面部表情，其实都蕴藏着丰富的信息。为什么这么说呢？拿一个名人举例：有人曾评价柳传志，说他的表情能反映出当前我国IT行业的行情；还有人评价说，他的表情可以在笑容与凝重之间迅速切换，给人以成竹在胸、叱咤风云的非凡气度。在中国，有这么多人都愿意通过他的面部表情来解读他想要表达的含义，是因为他有着举足轻重的身份。

人的面部表情，是由脸的颜色、光泽、肌肉的收缩与舒展以及脸面的纹路所组成的。它是人思想感情在外貌上的显示，是人思想感情最灵敏、最复杂、最准确、最微妙的"晴雨表"，它常常被人们用来表情达意，是感染他人的一种信息传递手段。一个优秀的演讲者，需要具备面部表情最灵敏的特点，把复杂变化的内心世界，如高兴、悲哀、痛苦、畏惧、愤怒、失望、焦虑、烦恼、疑惑、不满等思想感情充分表现出来。

美国著名教育家卡耐基在说到罗斯福演讲时，说他好像一架表现感情的机器，他满脸都是动人的感情，使他的演讲更有力、更勇敢、更活跃。《回忆罗斯福》一书中有这样的描述："在20分钟的时间里，罗斯福先生的脸上表现出诧异、好奇、故作吃惊、真正的兴趣、焦虑、同情、幽默、尊严和无比的魅力，但是，他几乎没有说什么话。"

一些研究罗斯福的演讲专家认为：罗斯福的演讲往往更注重面部表情，有时虽然谈得很少，但是，他的表情已传达了更多的且准确、有效的信息。

有人曾问古希腊最著名的演讲家德摩斯梯尼："演讲家最大的才能是什么？"他回答："表情。""其次呢？""表情。""再其次呢？""还是表情。"

演讲场所是一个特殊场合，演讲者是这个场合的中心人物，在聚光灯下，演讲者的表情所起的作用会被放大，会对观众产生重要影响，甚至决定演讲的成败。实际上，古今中外的演讲家都十分重视自己的面部表情，并在演讲中灵活运用。

一般说来，当一个人"眉飞色舞""喜笑颜开"时，就知道他的心情非常快乐；当一个人"神采奕奕""容光焕发"时，就知道他的心情喜悦振奋；当一个人面色铁青，就知道他此时此刻一定处在愤怒的状态；当一个人"面红耳赤"，就知道他正处于害臊、激动中……

因此，演讲者应善于通过自己的面部表情和肢体语言，把自己的内心情感最鲜明、最恰当地显示出来，从而对听众施加心理影响，构筑起与听众交流思想情感的桥梁。表情是一个人内心世界的外在表现，它也是反映演讲者心理状况的晴雨表。用面部表情来调节气氛，用头部动作帮助自己表达思想。明白常用表情的含义，就能够把它们

第六章
塑造五觉：不仅会说更要会"演"

正确地运用到自己的演讲中，我保证绝对能起到很好的表达效果。

面部表情与我们的眼神是密切相关的。其实，眼睛的传神常常是与面部其他部分的活动相配合进行的。眼神离开了面部其他部分的活动，其表情达意作用就必然受到影响。面部表情非常丰富，许多细微复杂的情感，都能通过面部种种表现来表达，并且能对口语表达起解释和强化作用。演讲者要善于观察面部表情的各种细微差别，并且要善于灵活地驾驭自己的面部表情，使面部表情能更好地辅助和强化口语表达。

运用面部表情的时候，一定要做到自然真实，演讲者的喜怒哀乐都要随着演讲内容和思想感情的发展需要而自然流露，切不可逢场作戏、过分夸张、矫揉造作，那样会令听众感到虚伪滑稽。也不可毫无表情，冷若冰霜，会使人感到枯燥压抑。无论演讲到哪一个阶段，演讲者的面部表情与口语表达都要协调一致，要能准确鲜明地反映自己内在的思想感情。面部表情和有声语言的表情达意应同步进行。为了有效传递信息，交流感情，要尽量避免傲慢的表情、讥讽的表情、油滑的表情和沮丧的表情。这些表情都会在听众中产生不良影响，形成离心效应。

7

注意！演讲者不可忽视的身姿要求

很多演讲者的身姿，并不讨听众的喜欢，这个时候无论他讲的内容有多么好，在听众心目中也会减分。其实，身姿对一个人整体形象的塑造有着十分重要的作用。人的体姿与人的相貌其实是对等的，因此它们具有同等的重要性，共同显示出一个人的气质和风度。你的一举一动都属于体态语言，当你成为大家关注的焦点时，这些动作会时刻被人所注视。

如果在演讲台上，你想留给听众一个好印象，就要注意自己的姿态。具体地说，姿态是说话者文化素养和情趣的侧面体现，它用自己微妙的作用和效果完成着语言难以完成的任务。如果演讲者能够恰当地运用态势语这门无声的语言，就可以让自己更加端庄、大方，增加自身交往的个人魅力，给对方迅速留下一个很好的印象。

演讲者的身姿一般分为以下三种：坐姿、站姿、步姿。下面，让我们具体分析一下这三种身姿有什么具体的要求：

1. 坐姿

很多时候，节目受邀嘉宾或是圆桌峰会，常常都是坐着发表演

第六章
塑造五觉：不仅会说更要会"演"

说，这个时候具体该怎么做呢？我们应该把手叠放在两腿之上，两腿自然弯曲，小腿与地面基本垂直，两脚平落地面，两膝间的距离，男子以松开一拳或二拳为宜，女子则以不松开为好。非正式场合，允许坐定后双腿叠放或斜放，交叉叠放时，力求做到膝部以上并拢。

无论哪一种坐姿，都要自然放松，面带微笑。在社交场合，不可仰头靠在座位背上或低着头注视地面；身体不可前俯后仰，或歪向一侧；双手不应有多余的动作；双腿不宜分开过大，也不要把小腿搁在大腿上，更不要把两腿直伸开去，或反复不断抖动。这些都是缺乏教养和傲慢的表现。

2. 站姿

站姿语就是通过站立的姿态传递信息的语言。从一个人的站姿可以看出一个人的状态，有很多人站立时喜欢用一只腿做支撑，有的人喜欢倚靠在什么东西上，这些都不是可以在正式场合运用的站姿，让人感觉松懈、不礼貌。我们一定要注意挺身直立，脊背挺直，目光平视，表现出愉悦、自信的感觉。

站立是一个优秀演讲者最基本的举止之一。站在舞台上的时候，演讲者的正确站姿应该是站得端正、稳重、自然、亲切。上身正直，头正目平，面带微笑，微收下颌，肩平胸挺，直腰收腹，两臂自然下垂，两腿相靠直立，两腿靠拢，脚尖呈"6"字形。女性两脚可并拢，肌肉略有收缩感。如果站立过久，可以将左脚或右脚交替后撤一步，但上身仍须挺直，伸出的脚不可伸得太远，双腿不可叉开过大，变换也不能过于频繁。站立时，如有全身不够端正、双脚叉开过大、双脚随意乱动、无精打采、自由傲慢的姿势，都会被看作不雅或失礼。

3. 步姿

步姿语或者说是走姿语，就是通过行走的步态传递信息的语言。与坐姿语和立姿语不同，步姿语是动态的，所以要放到动态中来研究。

下面我们着重介绍步姿的类型：

（1）稳健自得型

行走的时候，步履稳健，昂首挺胸，仰视阔步，步伐较缓，步幅较大。这种步姿的含义就是"愉快、自得、有骄傲感"。

（2）自如轻松型

行走时心情轻松，步子的幅度适中，步速不紧不慢，上身直立，两眼平视，两手摆动自然。这种步姿的含义就是"自如轻松，比较平静"。

（3）庄重礼仪型

行走的时候，上身挺直，步伐矫健，双膝弯曲度小，步姿幅度和速度都适中，步伐和手的摆动有强烈的节奏感。这种步姿的含义就是"庄重、热情、有礼"。

8

演讲中，带有魔力的手势语

手势语是一种表现力很强的体态语言，它通过手和手指的活动变化使所要表达的思想和情感内容更加丰富，更具吸引力和说服力。为此，有人称："手势是口语表达的第二语言。"语言学家们认为，手势是人类进化历程中最早使用的交际工具，是先于有声语言的，手势语在当时的交际中，使用频率之高，范围之广，非今日可比。

《手势新探》这本书中，曾描述了这样一段话："当人们进行活生生的感情交流时，手势的重要性甚至超过语言本身。"我们举几个例子来看看：毛泽东去重庆谈判之前在机场时挥礼帽的手势；列宁在工人中演讲时用力前指的手势；邱吉尔在动员英国人民起来反抗法西斯侵略时用的"V"字母手势，它们都各有各的寓意。

不知道大家有没有看过《列宁在十月》，在这部电影中，有一个十分经典的镜头是这样的：列宁在克里姆林宫演讲到最关键的时候，他的身体不由自主地向前倾斜，一手叉腰，而另一手有力地在空中挥动，下面是情绪高涨的革命群众。

无疑，列宁的这一动作让人们看到了伟人的风采和气势，以及那种排除万难、不畏艰辛的豪情壮志。在场的革命群众都受到了这个手势的感染。由此，我们可以看出手势的重要性，作为一种常见的肢体语言，它是我们演讲时的重要辅助工具之一，帮助我们将演讲的气氛逐步推向高潮。

最后这个经典的动作，不仅终生伴随着列宁的演讲活动，与此同时也给我们留下了难以忘怀的印象。只要一提起列宁的名字，人们的脑海中便会自然而然地浮现出这样的镜头，可谓是深入人心。

美国一位心理学家在环球旅行时进行过一次有趣的调查。在一小时的谈判中：芬兰人做手势1次，意大利人80次，法国人120次，墨西哥人180次。俄国人在表露自己的感情时较为矜持，如果说话时指手画脚，会被看作缺乏教养，然而在西班牙和拉美一些国家在说话时特别喜欢用手指点自己身体的某个部位。这说明一件事：相同的手势在不同的国家和地区有着不同的甚至完全相反的意思。

在中国，我们常常伸出食指和中指，和其他人示意，这表示"二"的意思，然而这个动作在欧美却有不一样的意思，它表示胜利和成功。第二次世界大战时，英国首相丘吉尔曾在一次演讲中伸出右手的食指和中指，构成"V"的手势来表示胜利。从此，这一手势就广为流传，凡庆祝胜利或成功时，人人都喜欢打这个手势。

然而丘吉尔当时使用这一手势时是手心向外，在世界其他地方，人们往往是把手背朝外，这一手背朝外的"V"手势，在英国却是万万用不得的，因为它所表示的意思不是胜利，而是伤风败俗。

塑造五觉：不仅会说更要会"演"

在希腊这个手势就不要去用了，因为会给自己惹到麻烦，不仅手背向外的V型手势不能使用，手心朝外的V型手势也不能用。因此，在演讲中，我们必须根据适当的场合，和对应的听众人群，使用一些恰当的手势，切不可乱用，宁缺毋滥。

手是人体敏锐的表情器官之一。手势是体态语言的主要形式，使用频率最高。手势语作为副语言的一种，以多姿多彩的形态代替语言传递信息，在外在的具象表现下潜藏着不同的语义信息，给人以最直观、准确、立体的表达，扩展了语言意义，丰富了语言传达。

由于我们的双手活动幅度较大，活动最方便、也最灵巧，形态变化也最多，因而，它的表现力、吸引力和感染力也是最强的，只要运用得当，就能够表达出我们丰富多彩的思想感情。那些在演讲中，寓意深刻、优美得体的手势动作，能够产生极大的魅力，激发听众的热情和关注，加深听众对演讲内容的理解，从而使我们的演讲获得成功。

9
掌握演讲常用的 28 种手势语

演讲时所运用的手势，有着各式各样的内涵，它并不是我们闭门造车所"设计"出来的，而是站在舞台上，随着演说的内容、听众的情绪、现场的的气氛，在演讲者情感的支配下，自然而然"喷射"出来的。手势不仅可以引起听众的注意，还可以把思想、意念和情感表达得更充分、更生动、更形象，从而给听众留下更深刻、更鲜明的印象和记忆。

下面，我们来看看演讲中常用的28种手势语：

1. 拇指式

竖起大拇指，其余四指弯曲，表示强大、肯定、赞美、第一等意。

2. 小指式

竖起小指，其余四指弯曲合拢，表示精细、微不足道或蔑视对方。这一手势演讲中用得不多。

3. 食指式

食指伸出，其余四指弯曲并拢，这一手势在演讲中被大量采

第六章
塑造五觉：不仅会说更要会"演"

用，用来指称人物、事物、方向，或者表示观点甚至表示肯定。

4. 食指、中指并用式

食指、中指伸直分开，其余三指弯曲。这一手势在一些欧美国家及非洲国家表示胜利的含义，由英国首相邱吉尔在演讲中大量推广。也表示二、二十、二百……之意。

5. 中指、无名指、小指三指并用式

表示三、三十、三百……。

6. 食指、中指、无名指、小指四指并用式

表示四、四十、四百……。

7. 五指并用式

如果是五指并伸且分开，表示五、五十、五百……。指尖并拢并向上，掌心向外推出，表示"向前""希望"等含义，显示出坚定与力量，又叫手推式。

8. 拇指、小指并用式

拇指与小指同时伸出，其余三指并拢弯曲，表示六、六十、六百……。

9. 拇指、食指、中指并用式

三指相捏向前表示"这""这些"，用力一点表示强调，也表示数字七、七十、七百……。

10. 拇指、食指并用式

并拢表示肯定、赞赏之意；二者弯曲靠拢但未接触，则表示"微小""精细"之意；分开伸出，其余三指弯曲表示八、八十、八百……。

11. "O"型手式

拇指和食指相接成"O"形,其他三指伸直略分开,表示"好""行""OK"的意思。

12. 仰手式

掌心向上,拇指自然张开,其余弯曲,表示包容量很大。手部抬高表示"赞美""欢欣""希望"之意;平放是"乞求""请施舍"之意;手部放低表示无可奈何,很坦诚。

13. 俯手式

掌心向下,其余弯曲。表示审慎提醒,抑制听众情绪,进而达到控场的目的,同时表示反对、否定之意;有时表示安慰、许可之意;有时又用以指示方向。

14. 手切式

手剪式的一种变式。五指并拢,手掌挺直,像一把斧子用力劈下,表示果断、坚决、排除之意。

15. 手啄式

五指并拢呈簸箕形,指尖向前。表示"提醒注意"之意,有很强的针对性、指向性,并带有一定的挑衅性。

16. 手包式

五指相夹相触,指尖向上,就像一个收紧了开口的钱包,用于强调主题和重点,也表示探讨之意。

17. 手剪式

五指并拢,手掌挺直,掌心向下,左右两手同时运用,随着有声语言左右分开,表示强烈拒绝。

第六章
塑造五觉：不仅会说更要会"演"

18. 手抓式

五指稍弯、分开、开口向上。这种手势主要用来吸引听众，控制大厅气氛。

19. 手压式

手臂自然伸直，掌心向下，手掌一下一下向下压去。当听众情绪激动时，可用这手势平息。

20. 手推式

见"五指并用式"。

21. 抚身式

五指自然并拢，抚摸自己身体的某一部分。抚胸表示沉思、谦逊、反躬自问；抚头表示懊恼、回忆等。

22. 挥手式

手举过头挥动，表示兴奋、致意；双手同时挥动表示热情致意。

23. 掌分式

双手自然撑掌，用力分开。掌心向上表示"开展""行动起来"等意，向下表示"排除""取缔"等；平行伸开还表示"面积""平面"之意。

24. 举拳式

单手或双手握掌，平举胸前，表示示威、报复；高举过肩或挥动或直锤或斜击，表示愤怒、呐喊等。这种手势有较大的排他性，演讲中不宜多用。

25. 拳击式

双手握拳在胸前做撞击动作，表示事物间的矛盾冲突。

26. 拍肩式

用手指拍肩击膀，表示担负工作、责任和使命的意思。

27. 拍头式

用手掌拍头，表示猛醒、省悟、恍然大悟等意。

28. 捶胸式

用拳捶胸，辅之以跺脚、顿足，表示愤恨、哀戚、伤悲。演讲中不太用。

以上28种手势，是演讲者必须掌握和了解的。除此之外，还须指出的是：讲话过程中的手势是内在情感的自然表露，而不应是生硬的做作，否则，不仅达不到表情达意的效果，反而会画蛇添足。当然，常用的手势语言还会有其他一些定义，在运用时，不可拘泥，应自然得体。

塑造五觉：不仅会说更要会"演"

10
演讲语调：让听众享受节奏美

站在台上演讲的时候，如果演讲者语调平淡，没有波澜、没有起伏、没有情绪、没有变化，且始终保持一种语调的话，即使你的演讲内容再精彩、再新奇，听众也会变得注意力涣散，而且昏昏欲睡，烦不可耐，这种演讲效果真的让人"很受伤"。因此，演讲者除了要准备充实的演讲内容，还要在其基础之上进行语调的设计，因为语调对演讲的感染力、表现力有相当大的影响，语调的功效要体现在抑扬顿挫、停顿起伏等方面。

当我们始终用同一个语调不分轻重地说话时，人们甚至听不懂我们在说什么。因此，这就要求演讲者在说话演讲时，根据演讲内容的需要，让语调体现出变化丰富、时快时慢、时高时低、抑扬顿挫，起伏有致。要知道，语调的变化，可以充分展现出我们高兴、喜悦、难过、悲哀、愁苦、犹豫、轻松、坚定、豪迈等复杂情感。如果演讲者能够充分掌握语调的节奏变化，那么即便是很平淡的故事，台下的听众也会被带入到设定的情境中，感到很有乐趣，并且乐于接受，这会加深演讲的感染力。

一般来说，语调有以下几种运用技巧：

1. 掌握语言的轻重音

对于一个成功的演讲者而言，利用轻重音起伏跌宕的变化来有效地传情达意，是非常必要和重要的。当然，这是指逻辑重音的运用。它既能突出演讲中某些关键的词、句和段，从而突出地表现某种思想情感，又能加强语言的色彩，美化语言。

演讲者的成功经验表明，一般的演讲，尤其是那种议论型的演讲，其结尾段往往重音较多，甚至整段都是重音，以此来造成一种强烈的气氛，突出结尾所概括的演讲的主要内容、中心观点，把整个演讲推向高潮，给听众留下更深刻的印象。

2. 掌握说话频率的快慢

演讲的声音应当有快慢缓急变化。怎样变化呢？主要是根据表达思想感情的需要。在表达一般内容时，语速可以适中，既不要太快，也不要太慢。当表达热烈、兴奋、激动、愤怒、紧急、呼唤的思想情感时，出言吐语就要快些，要滔滔汩汩，势如破竹；讲到庄重、怀念、悲伤、沉寂、失落、失望的思想情感时，语速可以放慢些，娓娓道来。

演讲语音的变化，应当是自然顺畅的。只有音速适宜，快慢有致，才既能有效地传情达意，又能令听众感到优美入耳。如果语速不当，缺乏快慢变化，始终保持一个速度，那就很难准确、恰当地表达出演讲者内心的思想感情，也使听众感到厌烦，难以接受。

3. 注意语调的高低变化

语调有高低变化，或者说是抑扬变化。一般说来，高音为升调，即句子调值由低到高，句尾发音往往最高，一般用于疑问句。低音为降调，即句子调值由高到低，句尾发音往往最低，一般用于陈述

第六章 塑造五觉：不仅会说更要会"演"

句、祈使句和感叹句。

在演讲中，为了更有效地表达思想感情，就不能不对语言做高低抑扬的变化处理。既不能一味地高，破嗓裂喉；也不能一味地低，有气无力。只有使音调的高低随意而变，随情而变，才能造成最佳的演讲效果。

4. 要学会"停顿"

所谓的停顿，指的就是人们说话时的间歇。在演讲的过程中，演讲者不仅要有停顿，更要学会利用停顿来吸引听众的关注，让停顿成为一种表达艺术，以求更有效地向听众传达自己的思想感情。

那么，我们在演讲的过程中，究竟要如何停顿呢？一般说来，停顿分为三种：

一是自然停顿，即词语或句子间的自然间隔。

二是文法停顿，即段、句之后的较长一点的停顿。

三是修辞停顿，即由于某种修辞效果的需要而做的停顿。

对演讲来说，无疑应综合运用这三种停顿，使它们变为一种技巧性的停顿、艺术性的停顿。具体来说，在一般情况下，可做一般性停顿。然而，在某些特殊情况下，则应做较长一些的停顿。比如，在向听众提出某个问题之后，在提出自己的某个观点之后，在道出某个妙语警句之后，在讲清一个相对完整的意思之后，都要做较长一点的停顿。这是为了给听众一个思考的时间，也要让他们感觉到你讲的话题是很重要的。

总之，停顿是演讲的一种非常有效的表达艺术。卓越的演讲者，都会把"停顿"运用得恰到好处。把停顿艺术运用得当，不但不会使演讲散乱，反而能使整个演讲抑扬顿挫，跌宕起伏，连贯畅通，令听众享受到语言的节奏美。

导师语录

　　保持"掩饰姿态"的演讲,只会让听众觉得你充满防备,非常拘谨;若以稍息的姿势站立,则能够吸引听众的注意力。

　　态势和演讲者的性格气质紧密相连,演讲者的性格气质"规定"了他的态势。

　　演讲的时候,演讲者一定要注意自己的姿势:站姿和手势。手势不要过于夸张,手不要不停地挥舞。注意自己的表情,不要面无表情,也不要笑得太过,自然一些就好。

　　在演讲的舞台上,演说者所在之处,以位居听众注意力容易汇集的地方最为理想。

　　演讲者站在讲台上,就是全场听众注视的焦点,学会运用充满自信的目光接触,可以与现场的听众建立融洽的关系。

　　演讲者若始终用同一个语调不分轻重地说话,听众可能听不懂他在说什么,也理解不了他想表达什么。

　　在聚光灯下,演讲者的表情所起的作用会被放大,会对观众产生重要影响。

　　姿态是演讲者文化素养和情趣的侧面体现,它用自己微妙的作用和效果帮助你完成语言难以完成的任务。

　　一个充满激情的演讲者,总是试图让听众的情绪激动起伏,结尾时运用一些情感激昂,富有鼓动性、号召性的良言激语,能激起巨大的情感力量。

· 第七章 ·

情景演练：应对不同的演讲场景

在演讲活动中，演讲者的身份各不相同，演讲的目的多种多样，演讲的内容包罗万象，演讲的方式各有特点，演讲的场地千差万别，演讲的听众形形色色。身为一名演讲者，可能要面临参加各式各样的会议，登上各式各样的舞台，因此必须学会一些应对不同演讲的方法和技巧，才能完美驾驭不同的演讲场景。

——卓越商业导师 苏学锋

第七章

情景演练：应对不同的演讲场景

1

即兴演讲，让你成为群众焦点

在所有的演讲类型中，即兴演讲是生活中最常见的，它的使用频率最为广泛，而且可以应用到各种类型的场合中。随着时代的快速变迁与发展，人们使用的信息传播工具的变化，促使了信息传递的加快，人们的交往变得日益频繁，人们的交际领域也随之不断拓宽，生活、工作的方方面面都可能随时出现即兴演讲。

即兴演讲大都出现在什么情况下呢？例如：婚礼祝辞、迎送致辞、丧事悼念、聚会演说、访问、讨论等。这些时刻，都需要人们临时做即兴演讲，或助兴、或助威、或联谊、或缅怀等。因此，我们可以这样给它定义：即兴演讲是演讲中的快餐，也是演讲中的精品，是演讲者在某种特定景物或人物、气氛的诱发下（或被要求）而产生的一种临时性演讲。

由于场合并无限制，即兴演讲已经成为人际交往深受欢迎的形式。有研究表明，即兴演讲已成为未来演讲发展的一个重要趋势。这种演讲最突出的两个特点是：一是演讲者事先未做准备，处于一定时境，感人、感事、感情、感景，随想随说，可长可短，有感而发；二是形同日常说话，其因随意性而在人际交往中被广泛应用。

一次，在朋友的婚礼上，陈靖作为新郎的小学同学兼好友，被邀请上台发言。以下就是他的即兴演讲：

首先，感谢婚礼主持人给我这个发言的机会，也特别感谢好友邀请我来参加他的婚礼。我跟新郎认识有十几年了，在我眼中，他是个非常有毅力的人，也是在他的影响下我开始跑步的。除此之外，他还有很多的优点。譬如说：他是一个非常靠谱的人，我跟他一起合作过几个公益项目，跟他一起合作，总是感觉特别放心，所以我觉得新娘跟他在一起也一定会非常安心踏实的。我也见证了新郎和新娘的美好爱情，能深深感受新郎对新娘的爱……最后，祝福夫妻新婚快乐，百年好合，早生贵子，最好三年抱俩。也祝福所有在场的朋友们幸福快乐。

当他演讲完后，获得了现场群众的热烈掌声。在总裁智慧系统课程上，我曾这样对我的学员说："其实最成功的即兴演讲，都是真正当场演讲的。你发挥得越好，越证明自己的知识底蕴深厚，以及自身自带的一种魄力。即兴演讲就是专为特定场合量身定做的，它们在特殊的时刻绽放，像昙花一现，花开之后很快就凋谢不见了。然而，听众享受到的愉悦却远不止于此，在你还没有想到之前，他们早就将你当成即兴演讲家了。"

因此，即兴演讲时，我们一定要认真观察、多方感受、快速思考、发散联想。根据所处的特定时间，特定地点，深立意，巧构思，讲出一个奇妙的境界。因为即兴演讲具有动因的触发性、准备的临时性、时间的短暂性等特点，要求演讲者在极短的时间内迅速展开思维，找到话题，形成较完整的腹稿，立即从容地表达出来。这一点，

第七章

情景演练：应对不同的演讲场景

美国篮球巨星，迈克尔·乔丹就做得十分出色。

美国篮球巨星迈克尔·乔丹在宣布退出篮球运动生涯时，发表的《奥林匹克生涯已经结束》即席演说，便是一篇典型的即兴演讲。

朋友们：我经常强调说，一旦我失去动力或不需要再证明什么了，我就应该退役。现在是我离开的时候了，这并不是我不爱这项运动。我只是觉得我已经达到了自己事业的顶峰，我没有什么可再证明的了。

我不知是否会复出，退役的意思就是从今天开始我想干什么，就可以干什么。如果这意味着今后要复出，我也许会的。我不把这扇门关死。如果公牛队还需要我，我也许会重归赛场。如果我日后复出，也不会效力于另一支球队，因为我的心已经属于它了。

我的奥林匹克生涯已经结束了。我第一次得NBA总冠军后，我父亲就劝我退役。我们当时的看法有很多不同，因为我认为，作为球员我还有许多东西要去证明。第三次夺得总冠军后，我们又谈了一次，我被说服了。

我时刻在承受着新闻媒介所带来的压力，我不会因为他们而离开球场的，这是我自己的抉择。即使我父亲没有去世，我也会做出同样的决定。父亲的去世使我看到了自己的未来，但痛苦会一天天地淡漠下去的。是他的不幸提醒了我，人的一生是何等短暂，该如何珍惜。我不能太自私，要用更多的时间去陪我的亲人。包括我的妻子、孩子，我需要过一种正常的生活。

我退役以后，很多朋友对公牛队的实力表示怀疑，但我并不担心，这好像父亲送儿子上大学。当然，我不是他们的父亲，我告诉他们要相信自己。我认为我们有很多获胜的机会。我也坚信，肯定会有更多的球星诞生的。

我需要一件工作吗？我从来没有考虑过，现在也不想要，我现在要看一看小草是如何成长的，然后再把它们割掉，我当然要经常去看公牛队的比赛，可我不会告诉伙伴们我什么时候去看。我想，我不会完全过一种正常的生活，只不过公众的关注比以往少一些，我会怀念篮球比赛的，我会怀念夺取冠军的辉煌时刻，会怀念每年与队友们待在一起的八个月的美好时光。

即兴演讲是在特定的场景和主题的诱发下，或由他人提议、规定而临时说出的话。其突出特点是即时性，是激情的喷涌，心灵的流淌，是睿智的迸发，思想的火花，是知识的展示，能力的外化。这就可以看出，即兴演讲并不只是讲几句话那么简单，既要适合发言者的身份，又要合乎当时的情景。

通常，即兴讲话的人要注意以下几点：

1. 注重平时准备工作的积累

正所谓"巧妇难为无米之炊"，许多即兴讲话者的最大困难在于没有演讲材料。这就要求我们"家事、国事、天下事、事事关心"，广泛地阅读、收集、积累材料，同时加强自我修养。这是一个长期、琐碎而复杂的工作。

2. 快速思维

即兴讲话常常是没有准备的，非常考验讲话者的应变能力，所以讲话者的反应必须快。其实，这就是一个快速创作、打腹稿的过程。卡耐基的"魔术公式"可供大家参考：先举例；再讲述主旨要点；最后说明理由、进行论证分析。

情景演练：应对不同的演讲场景

3. 即兴讲话的要求

一般来说，演讲中的听众处于相对被动的地位，为了使演讲者与听众相互融合，就要消除听众的被动、消极情绪。听众对即兴演讲者的要求是：要精短不要繁杂，要新颖不要粗俗，要形象不要空洞。

4. 即兴讲话的禁忌

讲话时变调、失真或打官腔，都是让人反感的事情。只有使用自然的声音讲话，才能打动听众。同时，不要说那些容易引人反感的话。在生活中，有哪些话容易引人反感呢？

（1）不停地抱怨自己的命运，或是滔滔不绝地夸耀个人的成就。

（2）喜欢对别人的言行评头论足。

（3）自我膨胀，夸夸其谈。

（4）言谈敷衍，缺乏真诚。

（5）过分取悦或阿谀奉承别人。

（6）人云亦云，毫无个人主见。

（7）言谈时态度暧昧，含糊不清。

（8）过于狂妄，一副"舍我其谁"的姿态。

2

把握 6 条原则，打造一场完美的培训演讲

培训演讲是生活中常见的演讲之一，它的主要目的是向听众传授某种知识或技能。企业家或是职场人士大都接受过诸如销售技巧、有效沟通、专业技能等主题的培训。那么，要怎样才能做好培训演讲呢？在这里，我告诉大家几条基本原则：

1. 针对不同听众的学习风格。

2. 符合成人学习的原则。

3. 提供交流互动的机会。

4. 与听众互动。

5. 给予足够的反馈。

6. 打破僵局。

一、不同听众要有不同的学习方式

教育心理学家认为人是通过视觉、听觉和触觉这三种基本方式学习的，每个人会把其中一种感觉作为自己主导的学习方式。你要培训的学员肯定各有各的学习方式，因此，你要了解他们的不同之处。

情景演练：应对不同的演讲场景

1. 视觉学习者

这类学习者对设计精良的视觉教具，如电影、视频、幻灯片等非常感兴趣，他们常常会说，"我看到了你谈论的内容"，或"说明你的意思"，或"我看不懂图片的意思"。

2. 听觉学习者

这类学习者对声音反应比较大，他们喜欢"听"演讲，对演讲者的音调、声调、语速等很关注。他们喜欢富有变化的声调和节奏，讨厌一成不变的声音，那让他们觉得乏味、无聊。他们爱说，"我听到了你谈论的内容"，或"告诉我你的意思"，或"听听我的想法"。

3. 触觉学习者

这类学习者对于实践你想让他们学习的事情很有兴趣。他们喜欢"动手"，喜欢实验。所以，能实际参与的事情会让他们很兴奋。他们的常用语言，如"我不能袖手旁观"，或"我很乐意做"，或"我什么时候开始练习"。

因为存在这三种不同的学习风格，所以，做培训时你有必要根据现场听众的特点采取不同的方法进行演讲。这样就可以确保每个听众都能理解你的演讲，且不会遭到他们的厌烦。

二、掌握好学习的原则

每个人的学习方式都不一样，但是出于"利己之心"，他们的需求又都是相似的。下面是针对培训的两点基本原则：

1. 演讲内容要与听众有关

每个人都很实际，他们想知道你的演讲为什么很重要，是否有助于他们的工作和生活。如果你的培训演讲没有实际效果，他们很快就会失去耐心。因此，你必须明确地告诉他们：你的信息为什么对他们

有好处,有何好处。

2. 树立自信心

每个人都会担心自己出错,担心做出一些让自己看起来很傻的事情。因此,演讲者要时刻关注听众的感觉,特别是当你要求他们参与的时候。他们怕出错、怕成为别人的笑柄,所以,你要尽量创造一种允许冒险和失败的氛围。

三、提供交流互动的机会

给听众提供机会,交流想法并一起合作。听众之间相互学到的东西,很可能是对你直接向听众提供的价值的重要补充。

1. 充当提供帮助者

扮演提供帮助者角色的最简单的办法是提问。如果听众不知道某件事,你完全可以提出一些有技巧的问题。培训演讲不只是简单地提供答案,而是要让听众自己思考回答。

2. 安排茶歇与活动

培训演讲要考虑给听众留出休息时间。如果你进行一次持续几个小时的演讲,一定要每隔一小时左右安排一次茶歇或活动环节,为听众提供短暂的自由活动空间。这也是听众互相认识、彼此交流的一个机会。

四、与听众互动

培训演讲成功的一个标志是听众的参与。在培训演讲中,要允许听众提问,而且要鼓励带头提问的听众。培训中的互动必不可少,因为积极参与的学员学得更好、记得更牢,这正是你培训的目标。

许多培训者常犯的一个错误就是说得太多。作为培训者,你应力求创造一种环境,让听众有足够的时间彼此讨论和发表意见,而不是

第七章
情景演练：应对不同的演讲场景

自己说个不停。那么，我们该如何鼓励听众在培训中积极参与呢？

1. 适当提问

提问能迫使听众开始思考答案，能立刻让他们参与进来。古希腊哲学家苏格拉底就是通过提出一些启发性问题来教学的。

2. 小组练习

成年学习者有很多知识和经验可以分享，你可以把他们分成几个小组让他们交流想法，互相学习。

五、给予足够的反馈

听众想知道自己在练习中的表现如何，他们想知道自己是否掌握了你传授的知识和技能。不过，成年人自尊心强，讲面子，你在给予他们反馈时，切记要避免让学员难堪。下面是提供有效反馈的三点建议：

1. 反馈信息要具体

不要用一般性的评价回答听众的问题，那是一种敷衍，无异于隔靴搔痒。

2. 区分人和表现

就是对事不对人，你要明确指出你谈论的是这个人在活动或行为中的具体表现，而不是对这个人做出价值评判。

3. 先给予正面反馈

在提供纠正性的反馈之前，先给予正面反馈。也就是说，你在指出某个人的缺点和错误之前，先要肯定他表现出来的优点和取得的进步。一味的纠正性反馈，容易让学员产生抵触心理。

六、打破僵局

在培训活动开始之初，听众可能会感到不自在，因为大家都还不认识。因此，培训者有必要运用一些方法打破僵局。下面是可供借鉴的几点：

1. 让每个人告诉大家自己名字的由来，演讲者可以带头示范。

2. 让每个人说出自己最喜欢的热门商业词汇或短语并解释原因。

3. 把听众分成两人一组，让他们互相采访。

4. 让每个人用一句话描述自己的工作。

5. 让每个人想象自己是一位公司老总，写一句企业广告句。

3

会销演讲，让听众为你的产品买单

在会销提案或会销演讲中，讲师一定要做得与众不同才能获取听众的注意并给他们留下深刻印象。因此，会销演讲对演讲者的要求是很高的。"会销"是最终的目的，这就表明：如果听众对演讲不感兴趣，那么基本可以断定，我们无法实现最初计划的结果。因此，会销演讲有一个最基础的要求：那就是让听众目不转睛地把你的课从头听到尾！

为了最终实现这个目的，我们就必须有一个出色的策划团队，去事先设计好我们的课程，在每一个时间段，可以是3～5分钟，也可以是5～6分钟，设计出我们的"包袱"，策划出我们的幽默语言或情景，渲染出我们的各种情绪，或激动、或悲伤、或坚定、或愤怒等等……这一个个钩子会拉着你的听众跟着你走到你演讲的最后一秒钟！

此外，最出色的会销演讲者会利用"演讲四重奏"，打造一个循环圈。他们喜欢用故事开始，随后从故事中提出自己所要说明的问题，最后会给出相应的解决方案或者表明某种观点。有时候，还会寻找一些案例，来佐证观点的正确性。一个成功的会销演讲模式，用简

洁的结构式表达就是：会销演讲=提出质疑+阐述故事（或案例）+抛出问题+观点（或解决方案）

为什么要讲故事呢？其实分析一下，我们不难发现一场演讲能给听众留下印象的地方一般有开场、结束、精彩的例子、故事和它们的意义、重要的指标和数字、别出心裁的观点和想法以及不断重复的重点内容等。如果讲师仅仅只是平淡地描述产品的优越功能、良好的售后服务等，客户的印象并不深刻，但通过讲一个故事，制造一种紧张气氛，就会给客户留下难忘的印象。

莱恩·怀特举办过一次会销演讲，在那场演讲中，他一共卖出了上万件化妆品。到底是什么魅力让听众愿意为他的产品买单呢？首先，让我们分析一下他的演讲框架。

第一步：演讲开头。莱恩·怀特讲述了这次演讲的重要性：帮助女性解决美貌的难题。随后问大家：你们知道我为什么这么说吗？

第二步：莱恩·怀特针对以上质疑，讲述了3个简单的案例。为什么女人本身很漂亮，却依旧喜爱化妆？为什么男人眼中的美女和女人眼中的美女是不一样的？为什么化妆品已经成了精致女人的必备品？讲到这里，观众已经被带入到他提前设定好的一个疑问中，相信很多人都想知道，为什么？

第三步：抛出问题。女人之所以喜爱化妆，除了想要变漂亮，肯定有一些别的因素在发挥作用。那么，这个因素到底是什么呢？

第四步：提出观点。在后面的演讲中，阐述自己的黄金圆环理论……

第七章
情景演练：应对不同的演讲场景

各位看到了吗？从质疑、案例，到问题，再到最后的结论，一气呵成。

这是会销演讲中，最常用的结构。在这个结构中：提出质疑，阐述这次演讲的原因；讲述故事，是为了能够吸引观众，从而让他们对自己后面要提出的观点产生兴趣；抛出问题，是为了在观众大脑中定义出一个知识盲区；最后抛出观点，自然就显得顺理成章。

无论是乔布斯的苹果发布会，还是雷军的小米发布会，他们使用的"套路"都非常值得借鉴。这足以证明：杰出的销售演讲是有规律可循的。就如同一个成熟的作家从来都不会在书的开篇就把所有的情节故事一股脑儿地陈列在读者面前那样，好的销售演讲也需要慢慢地构建整个故事情节。一般来讲，销售演讲是按照以下顺序进行的：

1. 亮相

亮相非常重要，相当于成功的一半。会销讲师在开始讲话之前，应该先与听众进行目光接触，确保每个人都能看到自己。如果听众中有自己熟悉的客户或比较重要的来宾或决策者，应该点头致意。

2. 吸引听众注意力

开始时听众的注意力都集中在演讲者身上，他们会通过台上的会销讲师在几分钟甚至几十秒钟之内的表现来判断他的价值。因此，会销讲师必须有一个精彩的开场抓住听众的注意力。

3. 感谢听众

当会销讲师引出主题后，应当对客户的出席表示感谢。

4. 陈述演讲的意义和价值

客户来听演讲的目的，是希望找到有价值、有潜力的产品或解决方案，希望知道会销讲师能给自己带来什么益处。会销讲师就必须阐明这一点。例如:"我们公司能够给您带来全新的服务体验。"

5. 内容简介

会销讲师必须在演讲过程中,通过不同的事例去反复强调和说明自己的重点,但一定要注意不要让客户觉得你有一种"强买强卖"的感觉,为了突出自己的产品而讲得没有次序和章法。在演讲开始时的简介和结束前的总结是重复重点的最佳时机。

6. 演讲主体

大约80%的会销演讲时间都要用于演讲的主体内容部分,这是重头戏,但不要在开始演讲时就直接跳到这一部分,因为这时候全体听众甚至演讲者自己都还没有做好准备。尽量将主体内容归纳成三到五个要点,并通过重要的指标或数字、精彩的故事支持、证明这些要点。

7. 总结

总结有两个目的:一是再次强调演讲的重点,二是可以借总结很自然地将话题转换到最后一个重要的部分,就是希望听众做些什么。这最后一步包含号召行动。要记住:会销演讲的最终目的,是希望通过讲师的演讲,让客户当场做出购买决定或是赢得客户信赖并倾向于选择自己的产品或服务。因此,演讲结束之际,讲师一定不要忘记要求听众接触、了解,并购买自己的产品或服务。

情景演练：应对不同的演讲场景

4
如何让你的报告演讲更精彩

你可能看过传递信息的电视节目，一个人把得到的简单信息，通过肢体动作传递给下一个人，下一个人再通过肢体动作传达给再下一个人，传到最后会发现原来的信息已变得面目全非。简单信息尚且如此，更别说那种比较复杂的信息了。做分析报告和演讲，最大的困难就在于此，你必须努力简化你的信息，并让听众容易理解。

如何才能让听众真正理解你传递的信息？以下几个方面需要注意：

1. 要辨别听众的理解能力

成功的报告演讲有一条基本原则，那就是：你的发言不能超出或低于听众的理解水平，报告演讲尤其如此，关键是要辨别听众的知识水平和理解能力。

如何把控好这一点？其实，你可以事先做一些听众调查和分析：

我是在向专家做报告吗？

听众想知道什么？是一般介绍还是最新的发展？

听众的学历水平如何？

他们以前听过类似的报告吗?

2. 简化报告

你是专家,你当然对技术领域里的东西知道得很清楚,可听众未必如此。你不能想当然地认为听众就应该知道某些知识,尽管在你看来可能是极其普通的常识。必须把信息简化到比你认为应该的样子还要简单。如果你的听众对象不是专家,那么,在你的技术分析报告中就要尽量避免一些复杂的数学知识。因为许多人害怕数学,尽管你的推理很严密,但一些听众很可能不会留下任何印象。

3. 使用类比法

科学家经常使用对两个事物进行比较的类比法解释他们的工作。用听众已知的信息表达复杂的未知信息,是简化信息的最有效方法。例如,2011年两会的记者会上,在谈到通货膨胀的危害时,温家宝总理形象地比喻说:通货膨胀就像一只老虎,如果放出来就很难再关进去。"通货膨胀",对许多老百姓来说可能是个复杂的未知信息,而"老虎"则是老百姓熟悉的已知信息。这样的类比,无疑极大地简化了沟通的技术难点。

4. 慎用专业术语

大多数专业领域都有自己的专业术语。对惯用专业术语的"业内人士"来说,专业术语是交流的便捷工具,可以使他们又快又准确地交流信息;同时,专业术语也是区分某个领域外行和内行的密码。

如果听众不是你所在专业领域的同行,那么,就不要在技术分析报告中使用过多的专业术语。一方面,听众无法理解你的意思,另一方面,你使用专业术语是在暗示听众的无知,会让他们产生反感和排斥的情绪。因此,当你在给外行做报告时,要努力把专业术语从你的

第七章
情景演练：应对不同的演讲场景

演讲稿中剔除。

当然，你也可以挑选一两个关键的或有趣味性的术语向听众解释，满足他们的好奇心，也让他们觉得自己像是内行。不过，使用专业术语不要过多，你要是一一解释的话，会占用太多的时间。

5. 联系实际生活

联系实际生活，可以让听众更容易理解你谈论的技术信息。大多数人不会自发地对技术分析报告和演讲感兴趣，因为技术分析报告和演讲给人的印象是难以理解和喋喋不休，令人望而生畏。所以，你要改变听众的这一态度。告诉听众你的信息之所以重要是因为与他们的生活息息相关；你提供的信息与他们是有某种紧密关系的，如果他们听取你的意见，他们的生活将会有怎样的改善。

你一定要耐心细致，彬彬有礼。也许听众提出的问题对你来说很幼稚，但你也绝不能表现出不屑于解释或敷衍了事。如果听众明明表示不理解时，你却说"这道理多明显"，你这是在炫耀自己很聪明、很了不起，同时在暗示提问者很愚蠢、很无知。

6. 传递你的热情

在众人面前做报告的演讲者，一般都十分正式，所以常常会给别人一种严肃、理智但冷漠、呆板的印象。这也是大多数人对报告演讲退避三舍的重要原因。正如一位外国专家所说："报告阐述上很完美，但如果你所说的没有热情，人们会睡着或走出去，他们永远记不住你所说的。"所以，从某种程度上讲，对你想传达的信息表示热情和信心比展示技术细节更重要。

7. 精心制作视觉教具

在报告演讲中，视觉教具的使用有时候是一个关键的部分。看起来大量的、复杂的信息（比如一堆罗列的数据），可以用一张图表展示出来，这种直观的表达方式更有效。没有视觉教具很难做出色的报告。但是，制作的视觉教具也要有一定的限制，必须清楚，不能喧宾夺主。如果你在视觉教具中展示的细节太多，就会显得很拥挤，让人看起来很吃力，并且很容易分散听众的注意力。

5
节庆演讲，具体该怎么说

一年里，节庆的日子有很多，相对应的节庆活动也就随之而来了。想要搞好一场节庆活动，就必须在群众参与上大做文章，才能把活动搞得生动活泼、有声有色，使其产生很大的影响力，达到节庆活动的最终目的。当然，节庆活动上，最少不了的就是演讲致辞。各种活动中都有庆典仪式，如婚礼、开张、颁奖、毕业典礼、周年庆等。

在以上这些场合中，总会有一些公众演讲穿插其中，成为事件的关键时刻。节庆场合演讲往往具有某种仪式化的特征，这种仪式化能够让人在这种有压力的场合下感到踏实和轻松，能够让参与者和听众分享共同的经验，分享成功的喜悦和激动的泪水。更进一步说，节庆场合的公众演讲能够承上启下，连接过去、现在和未来。

下面是马云在阿里巴巴十周年晚会上的演讲《新的商业文明，已经起航》：

"为今天晚上我大概准备了十年，十年以前我设想过，十年以后我会如何对我们的员工讲话，如何对我们的客户讲话，如何对我的朋友讲话，讲些什么？……刚才在来之前，看到那么多阿里巴巴的人，那么多阿里巴巴的亲朋好友，我其实不需要讲什么，十年来所有阿里巴巴人的行为已经告诉我们了，感谢大家！

"十年以前，在我的家里，我，还有其他的17位同事，我们描绘了一个图，我们认为中国互联网会怎么发展……从第一天起到现在，阿里巴巴一直充满了感恩之情，要感谢的人非常多。我想我首先要感谢我那17位同事……感谢在座的所有的阿里巴巴的同事，是你们的坚强精神让我们走到今天，感谢大家。我感谢所有阿里巴巴的客户，他们帮我们成就了阿里巴巴的梦想……

"我们坚持专注，我们专注电子商务，前十年我们专注电子商务，后十年还是专注电子商务，我们前十年专注中小企业，未来十年我们还是专注中小企业……我们的过去一切归零，未来十年我们从零开始……

"前面十年，通过全社会各位朋友的帮助，阿里巴巴使自己创业成功，未来十年，阿里巴巴希望通过自己的平台帮助无数的企业成功，帮助无数的创业者成为阿里巴巴……所有阿里人记住，毛主席曾经讲过：自信人生两百年，会当击水三千里。世界给了我们这个舞台，全球给了我们这个机会，动用所有的智慧，所有的勇气，一切的努力，帮助1000万家企业生存，创造就业机会，为10亿人真正提供价廉物美的平台。谢谢大家！"

在这次演讲中，马云回顾了阿里巴巴走过的十年，与大家分享了阿里巴巴一路走来的坎坷与辉煌，更让人感受到了阿里巴巴走向下一个10年的决心。阿里巴巴已经为接下来10年的发展做好了充足的准备

情景演练：应对不同的演讲场景

与规划，随时等待出发。

那么，如何准备节庆场合的演讲稿呢？

1. 定义庆典

要弄清楚发表演讲的场合，如中秋晚会、开幕式、企业开张或公司周年典庆等，不同的场合需要不同风格的演讲词，在内容上当然也有不同。因此，必须对庆典有初步的定义，这对选择合适的信息表达方式非常重要。

要了解你所面对的听众。比如面对的是公司的新老员工，或是各界领导，或是四方来宾，或是学生，等等。不同的听众，措辞自然也不同。比如，对着领导有些不太得体的话就不可说出口。

2. 定义信息

基本信息是你想达到的目的。以本节开头马云的演讲稿为例，传达了阿里巴巴未来十年的发展方向及目标，也传达了阿里巴巴不怕挑战、勇于前进的精神。

演讲风格喜庆的场合有些喜剧效果更好，在一些隆重的场合则要措辞严谨一些。仍以马云为例，他在阿里巴巴十周年庆典中的演讲有些煽情，通篇体现着感谢、感恩、希望、坚持、信念，令人动容。

结尾必须要给力。节庆场合演讲的关键是要考虑到上面所说的两点内容。另外，节庆场合演讲的结尾部分更要给力。

6
竞聘演讲，以目标为导向

竞聘演讲，也是演讲形式中最常见的一种，因此具有演讲的一般特点。但由于它的目的性极强，是针对某一竞争目标而进行的，所以，它还有自己的"个性"，即特点。竞聘演讲作为一种直抒胸臆、发表意见的重要形式，越来越被党政群机关中层干部竞争上岗和企事业单位工作人员竞聘上岗所广泛应用，成为考察一个人综合素质的有效途径。

在准备竞聘演讲之前，演讲者准备的演讲稿一定要条理清楚，主次分明。那么，如何做到有逻辑、有条理呢？我们可以采用列条的方法，如"第一""第二"或"其一""其二"等。此外，在每一"步"之间要用"过渡语"来承上启下。如：在自我介绍之后，可以用"我之所以敢来竞聘，是因为我具备以下条件"来引起下文。讲完条件后，可以再搭一个"桥"："以上我说了应聘的条件，那么假如我真当了总监，会采取什么措施呢？下面就谈谈我的初步设想。"这样不仅条理清楚，而且使演讲上下贯通，浑然一体。

下面，我们来看一篇竞聘演讲稿的整体脉络：

情景演练：应对不同的演讲场景

各位领导、各位同事：

大家好！今天我竞聘文案策划一职，如果竞聘成功，我将比照文案策划职责，和大家一道努力工作，并肩作战，竭尽全力把公司广告、公关文案等各项工作做好。

我竞聘公司文案策划的理由有三：第一，我工作雷厉风行，富有激情，有一定的组织协调能力；第二，我有一定的文字功底，能够圆满做好各种信息和文字材料的撰写工作；第三，我勇于吃苦，敢挑重担，勇于完成上级领导交办的各项急难险重工作，且勇于承担、毫不推诿！

具体工作中，我决心做好以下几个方面的工作：

1. 做好参与决策的工作。积极为领导提供决策依据的资料，做好服务决策工作。注重调研，围绕组织的中心任务和领导的意图广泛收集信息，去粗取精、去伪存真为领导决策提供真实可靠的依据。

2. 协助领导处理好组织内部的事务。根据实际情况，按时完成任务并及时向领导汇报工作，同时还会处理好办公室内的日常事务，根据工作的性质、内容、任务妥善安排。

3. 做好工作中的把关工作。在执行中加强监督，发现问题及时给予指导，帮助纠正偏差。具体来说要提高公文质量、把好会议关、把好办公室经费关、把好用人关，充分发挥每个人的长处。

4. 做好工作当中的每一个细节，务求实效。学习、协调、服务最终都要体现到细节上，对部门的各阶段的中心任务早部署、勤检查、重落实，充分调动各方面的工作的积极性，保质保量地完成任务。

最后，还是那句话：无论竞聘成功与否我都会和大家一起努力，做好本职工作，为组织多做贡献。如有不妥之处，请各位领导和

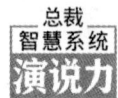

同事指出,我会尽量改进。

我的演讲完毕,谢谢大家!

竞聘演讲为人们提供了一个充分展示自我、表现自我的舞台,广大竞聘者应该克服演讲中的不良倾向,客观、公正地做好自我评价,科学合理、切合实际地阐明自己构想的方案,向公众展示一个真实、客观的自我,这样才能通过竞争找到适合自己展示才华的工作岗位。

以下四点是竞聘演讲具备的特点:

1. 目标的明确性

目标的明确性,是竞聘演讲区别于其他演讲的主要特征。这一方面表现在演讲者一上台就要鲜明地亮出自己所要竞聘的目标(秘书、经理、校长等职位),另一方面,其所选用的一切材料和运用的一切手法也都是为了一个目标——使自己竞聘成功。而其他类型的演讲则不同,不管是命题演讲还是即兴演讲,虽然都有一定的目的,但其目标却有一定的模糊性、概括性和不具体性。如果把演讲比作大海行船,那么一般演讲是要告诉人们如何战胜困难,驶向遥远的彼岸,而竞聘演讲则是看谁有条件来当船长。

2. 内容的竞争性

在其他演讲中,尽管可以海阔天空地谈古论今,说长道短,但一般都不是来"显示"自己的长处。即使在事迹演讲中,也忌讳毫不客气地为自己"评功摆好"。但竞聘演讲则不同,它的全过程都是听众在候选人之间进行比较、筛选的过程,竞聘者如果过分谦虚,不好意思说出自己的长处,表示自己也是一般般,就不能战胜对手。因此演讲者必须"八仙过海,各显其能"。而"竞争性"说白了,也就是演讲者无论是讲自身所具备的条件,还是讲自己的施政构想,都要尽

情景演练：应对不同的演讲场景

量显出"人无我有""人有我强""人强我新"的胜他人一筹的"优势"来，有时，甚至还要把本来是"劣势"的东西换一个角度讲成"优势"。

3. 主题的集中性

所谓主题的集中性，是指所表达的意思单一，不枝不蔓，重点突出。这就是说，在表达意思时，必须突出一个重点，围绕一个中心，而不要搞多重点、多中心，不能企图在一篇演讲中解决和说明很多问题。

4. 思路的"程序"性

思路，就是演讲者的思维脉络；"程序"，是指演讲中先讲什么后讲什么的顺序。竞聘演讲不像一般演讲那么"自由"，它除了题目和称呼外，一般分为五步：

（1）开门见山讲自己所竞聘的职务和竞选的缘由。

（2）简洁地介绍自己的情况，如年龄、政治面貌、学历、现任职务等。

（3）摆出自己优于他人的竞选条件，如政治素质、业务水平、工作能力等。

（4）提出假设自己任职后的施政措施。

（5）用最简洁的话语表明自己的决心和请求。

当然，以上几步也只是简单的模式，实践中演讲者还可根据实际情况需要稍加变化，而并非填表式套用。

7
如何成为激励演讲大师

站上演讲台的人,都希望自己的话语能够带动台下的听众,让自己成为听众的引导者。换句话说,也就是成为受到大家尊重和认可的激励演讲大师。很多人觉得:那些所谓的演讲大师,最需要的是激发自己的内在潜能,声情并茂地站在舞台上进行演讲,活力四射,充满激情。事实上,真正的激励演讲大师们并不仅仅如此,他们要掌握很多的演讲策略和技巧,才能真正去影响听众、带动听众。

要想让自己成为激励演讲大师,必须要做到以下三点:

1. 明确你要传递的信息和听众群

选择你喜欢并熟悉的话题。其实,激励演讲的内容并没有限制,你可以教人们如何成功,如何幸福,如何自我满足,如何处理好恋人之间的关系,等等。只要你能在某一方面激励人们就行。

2. 提高你的公众演讲技巧

要多去参加一些教授公共演讲的课程。你可以参加一些社会上的培训班,也可以留心观察一些著名的演说家是怎么讲演的。但至少你得学会在大众面前演讲不怯场。另外,你还可以尝试着录下自己的演讲视频。回家后以一个观众的视角看,分析哪些部分是需要

情景演练：应对不同的演讲场景

改进的。

3. 进一步提升你的演讲能力

寻找好的演讲场所，在一个会议室里或大会堂里做的演讲，肯定比在你的私人地下室里做的演讲收到的效果好很多。确保你选择的场所刚好能容纳所有的听众。这样的场所能让你跟听众有很好的互动，如果场所太小会觉得拥挤，而太大又会觉得空荡冷清。

下面，我们来看看超级演说家崔万志的演讲《不抱怨靠自己》：

"我出生在肥东（县）的一个农户家庭，出生的时候脚先落地，头被卡在里面了，一连几个小时都下不来，我出生的时候没有呼吸，然后赤脚医生就逮着我的腿头朝下使劲地抖，一直抖了十个小时我才有了第一声微微的哭泣，就这样我活了下来。我九岁的时候上小学，我记得从我家到小学之间有一条沟，别人很容易就跨过去，我就跨不过去，我也不愿意我的父母天天背着我送我上学，我试着蹲下去趴在地上，然后爬下去再爬上去，看看，我过去了。小时候上天就告诉我人生没有过不去的坎。

"我中考的成绩在我们县里名列前茅，我被一个重点高中录取了，学费交了床单也铺了，突然间被校长发现了，校长很惊讶地看着我说：'我们学校怎么来了一个残疾人？'然后便在几分钟之内把我和我父亲以及我的行李踢到校门之外，然后指着我说：'就算你考上大学也没有学校要你，你还耽误我一个名额。'我爸当时就跪了下来，一跪就是两个小时，我恨我恨我恨，我恨命运对我这么不公平，为什么？为什么？为什么？我爸用双手捧着我的脸对我说：'万志你听着，没有为什么，抱怨没有用，书还要不要读？'我说要！我爸说：那么回家吧。一切靠自己，我考大学的时候我真的害怕没有大学收我，我选择一个比较偏僻的离我们家很远的一所大学，很幸运我被录取了，大学毕业以后我和所有的大学毕业生一样面临着找工作，我天天跑人才市场，我投了上百份简历，没有一家单位要我，我记得最后一次我很早就去排队，我排在第一位然后面试的招聘官看着我指着我就说你快走开，你快走开别挡着后面的人。

"从那以后我再也没有去找工作，那天走在大街上风好大，我的眼泪再也忍不住地滚了下来，我心里非常绝望。我要养活我自己，我要养活我自己，我要养活我自己！那个声音就在我心里嘣嘣嘣地敲打着我，我就想起了我父亲的话，抱怨没有用，一切靠自己！我改变不了现实我就改变我自己，我已经不在乎别人对我的看法，也不再抱怨甚至不再难过。我去摆地摊，我卖旧书、卖卡片，我两天吃一顿饭，就这样坚持了半年。我开了自己的一个小书店，后来开音像店、开超市、开网吧，我的书店被烧过，我的超市被偷过，我的网吧被拆了一次又一次。后来我又开始开网店，我把我几年积蓄的20多万元一下子亏光了，再后来我又成立自己的电子商务公司，然后欠了外债400万元。但是所有的委屈、所有的挫折、所有的痛苦我都埋藏在心里，我说不出我也不想说，因为我知道抱怨没有用，一切靠自己。就这样我坚持、坚持、坚持下去，一直把我们的旗袍做到天猫第一名。

"走到今天我回头再看看我走过的这些经历，这些挫折，原来都是上天对我最好的安排。世界是一面镜子，照射着我们的内心，我们内心是什么样子，这个世界就是什么样子。选择抱怨，我们内心充满着痛苦、黑暗和绝望；选择感恩，我们的世界就充满着阳光、希望和爱。"

情景演练：应对不同的演讲场景

崔万志的演讲之所以振奋人心，是因为他慷慨激昂的演说振奋了我们每一个人，从他的言语和情绪中，我们看到了一个"脆弱"男人心中那份"不抛弃不放弃"的顽强，我们感动于这种精神，更由这份精神而联想到了自己。所以，最终我们受到了感染。这就是一篇优秀的励志演讲稿所呈现出的力量。

除了崔万志，还有一个我们不得不提的人物，他就是英国前首相温斯顿·丘吉尔。在他的一生中，曾登上舞台数百次，每一次振奋人心的演讲都被人津津乐道。为此，他被美国《展示》杂志列为近百年世界最有说服力的八大演说家之一。尤其是在"二战"中最困难的时期，丘吉尔以其雄辩慷慨的演讲口才激励了广大军民的士气，他每天鼓舞人心的反法西斯广播演讲几乎成为英国军民的精神支柱。

下面，让我们看看他演讲时的情形：

1948年，牛津大学举办"成功奥秘"的讲座，邀请名家讲演，其中有英国首相丘吉尔。在演讲前一个月，各媒体就开始炒作，各界都想听听丘吉尔的"成功秘诀"。当天会场上座无虚席，丘吉尔走上讲台，他用手势平息了热烈的掌声之后说："我认为成功的秘诀有三个，第一是绝不放弃，第二是绝不、绝不放弃，第三是绝不、绝不、绝不放弃。我的讲演结束了。"说完，丘吉尔就走下讲台。会场沉寂片刻后，爆发出经久不息的掌声。

丘吉尔的最后一次演讲，是在剑桥大学的一次毕业典礼上。这位举世闻名的政治家、外交家、诺贝尔文学奖获得者，究竟会对即将走向社会参加工作的大学生们提出什么宝贵的忠告呢？全校师生热切地期盼着。

丘吉尔走上讲台，脱下大衣，摘下礼帽，注视着所有的听众。他用手势止住掌声，铿锵有力地说出四个字："永不放弃！"说完，丘吉尔穿上了大衣，戴上礼帽，走下了讲台。鸦雀无声的会场突然爆发出雷鸣般的掌声。

第二天各大新闻媒体都在显著位置报道了丘吉尔的演讲，赞美这次演讲是"他一生最精短的演讲"。海外华文报纸也赞美这次演讲：描龙画凤难点睛，赘言废语不传情；字不嚼碎不知味，话不在多而贵精。

丘吉尔是少数真正被称为具有传奇色彩的人物之一。他的一生不仅漫长并且充实而丰富多彩——充满了朋友与敌人，行动、创造与争论、莽撞。有许多人爱他，也有许多人恨他，似乎还有许多人既恨他又爱他。丘吉尔身上具备所有这些元素，让他以政治领袖、战争谋略家、最后一个伟大的公众演说家等成就为人们所熟知。

情景演练：应对不同的演讲场景

8
为纪念演讲进行合理布局

纪念演讲，虽然在生活中不是那么常见，但是它却有着很大的意义。那么，什么是纪念演讲呢？我们这样定义：在一些对人类历史、社会发展有巨大影响的著名人物、重大事件、优秀作品的纪念仪式上，由有影响的人士和相关人员所做的讲话叫作纪念演讲。它的作用是缅怀历史，激励后人，充分展示模范、榜样的风采，发挥其鼓舞作用与教育作用。

为了让大家更清楚纪念演讲的结构以及使用的特定语言，我们以奥巴马在林肯诞辰200周年纪念活动上的讲话为例来说明：

我荣幸地站在这里——这是林肯为国效劳的地方，是他宣誓就职的地方，也是他所拯救的国家向他做最后告别的地方。在我们纪念我国第16任总统诞辰200周年之际，我不能说我对他的生平和业绩的了解像今天多位演讲者那样深入，但我能说我对这位伟人怀有特殊的感激之情，我个人的历程，以及整个美国的历程，在很多方面要归功于他。

我们在国会山举行这次纪念活动恰如其分。这座建筑与这位永垂不朽的总统的时代有着千丝万缕的联系。它由能工巧匠以及移民和奴隶建成——正是在这座圆形大厅内，北方军士兵得到临时医院的救治；正是在下面的地下室里烘烤的面包让他们获得体力；正是今天的参议院和众议院议事大厅，成为了他们夜晚宿营和白天偶尔休息之地。

这些士兵当年看到的这座建筑与我们今天看到的截然不同。因为这座建筑一直到南北战争结束时都还没有完工。建造这座圆顶大厦的劳工每天上工时不知他们明日是否还再来；不知他们所用的金属梁架是否会被征为军用物资，熔制子弹。但时间一天天过去，没有人命令他们停工，他们一直在上工，一直在建造。

当林肯总统后来得到汇报，得知大量钢铁被用在这项工程上时，他给予了这样一个简洁明了的答复：此乃物尽其用。他认为，应当让美国人民知道，即使在战争时期，建设也要继续；即使在国家自身疑虑重重时，它的前途也正在受到保障；当很久以后的一天枪声平息时，国会大厦将巍然屹立，其顶端矗立的自由雕像成为仍在愈合中的国家团结统一的象征。

今天，令我深省的正是这种团结意识，这种即使在我国四分五裂时仍能展望一个共同前景的能力。尽管这位伟人的这一特殊品质——他的领袖才能的独特之处——展现在数不胜数的场合中，但我今天希望与你们共同回顾其中一个。

在南北战争结束前的几个星期，林肯总统在格兰特将军的"女王河号"（River Queen）旗舰上被问到，在李将军（General Lee）投降后将如何处置他的南方军。当时胜利近在咫尺，林肯完全可以报仇雪恨。他可以迫使南方军为反叛付出沉重代价。但林肯却下令，尽管双方都给对方造成了惨重伤亡和巨大痛苦，南方军士兵一律免受惩处。他们将被给予——用他的话说——"完全自由的"待遇。林肯只

第七章

情景演练：应对不同的演讲场景

希望南方军士兵返回家乡，恢复农耕，重操旧业。他还说，他甚至愿意"让他们保留自己的马以便拉犁……他们自己的枪以便打鸟"。

林肯知道，这是让国家分裂的伤痕得以愈和的唯一途径，也是让国家迫切需要的愈合得以开始的唯一途径。因为林肯从未忘记，即使在南北战争期间也从未忘记，虽然我们有种种差异——北方与南方，黑人与白人——但在内心深处，我们同属一个国家，同是一国子民，我们作为美国人的共同纽带无法割断。

因此，当我们今天聚在这里时——虽然我们的隔阂远不如林肯时代深重，但却是又一次在经历重大时代问题的辩论，而且是激烈辩论——让我们切记，我们这样做是因为我们是为同一面旗帜效劳的仆人，是同一国子民的代表，是与同一未来息息相关的人。这才是我们对杰出的亚伯拉罕·林肯的最好纪念——是我们能够为他筑造的永恒丰碑。

谢谢大家。

2009年2月12日，美国总统奥巴马出席了林肯诞辰200周年纪念活动并发表讲话，以上是讲话全文。在这篇演讲中，奥巴马首先肯定了林肯所做出的贡献，深情回顾了林肯坎坷而又光辉的一生。接着奥巴马谈到了林肯那非凡的宽容和团结意识。为了国家能够长久安泰这一共同目标，消弭彼此的隔阂是对林肯最好的纪念。

在金融危机的大背景下，在反恐泥潭的挣扎中，美国国内弥漫着各种论点和论调，而奥巴马的话，正是对这些喧嚣的理性建言。奥巴马的演讲结构严谨，自然和谐；句式错落有致，富有变化；措辞精炼，句句朴实优雅。通篇洋溢着炽烈而真挚的感情，极富感染力与鼓动性。

9
打造一场流利顺畅的商策演讲

很多企业投标之后，都需要给合作方进行商策演示，演示的商业计划能否获得认可，往往取决于公司里重要人物的态度。研究那些经常向高层管理人员演示商业计划的人们的经验，可以总结出演示商业计划在企业中取得成功的规律。做好商策演示的首要前提就是：去调查你的目标客户。

正所谓没有调查就没有发言权。在现今以消费者需求为导向的时代里，不会因为你具备高超的技术，就能顺利推出畅销的产品或做成一笔生意。有些人醉心于自己的技术，以至于不能冷静考虑是否会有人愿意购买。这也是为什么那些拥有先进技术的企业之所以会失败的重要原因。商策演讲者一定要同现有的顾客、潜在的顾客进行交流，明确他们是否感兴趣，进而预测未来的市场空间。这些信息能极大地增强自己演示的说服力。

其次，如果想要提高商业计划获得批准的概率，最好在正式演示之前，在私下里把它推销给关键决策者（应该提前发现这些决策者的兴趣所在，开展针对性的、有效的沟通）。如果商策演讲者能够事先让关键人物接纳自己的观点，让相关影响者支持自己或至少保持中

情景演练：应对不同的演讲场景

立，那么演示的商业计划就很少会遇到重大障碍。

在进行商策演讲的过程中，拥有技术背景的管理者容易犯一个致命的错误，就拿工程师举例来说，他们在演讲中常常过度使用专业术语。他们在潜意识中认为这样做可以体现出自身的专业性，从而获得对方高层的认同，但事实真的如此吗？请看下面的例子：

有一个工程师团队提出了一个问题的解决方案，关于如何把大量重要信息传达给警察。比如，当警官让某个下属在凌晨三点外出时，他就可以通过这种软件（解决方案）立刻得知此人的安全系数。

这是一个科技含量很高的、复杂的解决方案。如果工程师在面对警官们做公众演示时，大力谈论需要结合不同的数据并通过增加硬件平台使操作系统顺畅运行等诸如此类的专业用语，那就很难使那些有决策权的警官们理解和接受。

但是，如果他改为谈论当警官们在执行任务时，这种软件如何让他们更安全、如何降低打击犯罪的成本的话，警官们就比较容易信服了。

每个公司都会有自己的信仰、价值观以及表达方式，商策演讲者在做公众演示时，可以合理利用这一点。比如：可以向他们表明自己的商业计划如何使他们更快地达到目标。此外，还可以从对方公司的年度报告或高层的讲话中找到相关线索，还可以谈及自己的计划如何有助于达成公司的关键目标。在描述提交的商业计划时，最好适当选用高层管理者偏好的字眼——这些可以从他们的报告或言论中找到。

接下来，还有一个关键的环节，这是涉及钱款的问题。你要表明对方投资于你的商业计划后会获得什么利益，充分展现自己商策计划的价值。很多演示者没有花费足够的时间思考问题，比如，他们忽视了企业成本和收益问题，而这恰恰是对方管理层所关心的重点。所以，商策演讲者需要做足成本和收益的功课。只要商业计划能为对方公司带来短期的效益以及长期的价值，就算它听上去不是那么好，也很有可能获得成功。

最后，给商策演讲者提供一个建议，那就是请持续练习。因为，商策演讲者所要面对的都是有决策权的人，他们决定你的商业计划能否通过。你可以找你信赖的顾问或朋友进行排练，让他们扮演决策者对你提一些棘手或尖锐的问题，这样，当你面对的高层管理者真的提出相同或相似的问题时，你就不会心中发慌了。最好排练两三次以上，特别是引言部分。因为如果你能在一开始就抓住目标听众的心，后面的演示活动就会进行得比较顺利，同时，也会为你自己增添信心。夸张点说："前5分钟是成功的关键所在。"

第七章
情景演练：应对不同的演讲场景

10
掌握外交演讲需注意的事项

随着国际交流的频繁和跨国公司的持续扩张，越来越多的演讲者需要面临在国际场合进行演讲的挑战。出席国际场合的演讲，可能会比其他场合的演讲多一些紧张，因为听众可能来自一个或几个陌生的国度，与你有着不同的文化背景，与你说着不同的语言，甚至与你穿着不同的服装。如何才能使你的演讲取得成功呢？

一、了解听众的文化

在对听众的文化一无所知的情况下进行演讲，是一件极其危险的事，因为你很有可能无意中冒犯、伤害或激怒你的听众。一旦出现这种情况，你的演讲就会一团糟，不但刺激到听众，也会伤害到你自己及你的事业。因为这种损害是国际性的，修复起来的代价很大。所以，你需要注意如下几点：

1. 不要迷信刻板印象

要认真了解听众的文化背景，不要因为自己对一种文化有点通俗的印象就自认为了解了这种文化。你从电视节目或电影中得到的信息，并不能让你对一种文化有深刻的理解。如果你不能明确一种文化的实质，可能会给你带来很多尴尬。

2. 寻求帮助和支持

你可以询问了解该国文化的人。在这方面，你大可不必担心，其实，大多数人都很乐意谈论他们自己的民族或国家。如果你告诉他们你计划演讲的内容，他们就可以帮助你排除一些潜在的、冒犯性的、引起误解的信息，让你用一种听众喜欢和欣赏的方式组织演讲。

3. 从网上搜寻信息

互联网时代，网络是强大的工具，想必你已深有体会。很多网站免费提供世界上绝大多数国家和地区的适当着装、外交礼节、礼仪和行为等方面的信息。特别是外表、行为和交流部分对你的演讲有直接影响。

二、精心准备演讲内容

不同的文化有不同的信息组织方式或图形符号，在组织演讲内容时，你要充分考虑到这一点。在你准备演讲内容时，请遵守下面几个原则：

1. 引用听众所在国家的名人的例子

不要只使用自己国家的例子，每个国家和每种文化都有自己喜欢的英雄、作家、艺术家、科学家和政治家，你在演讲中，要有选择地引用听众崇拜的一两个他们的"自己人"。

2. 使用听众熟悉的计量单位

在谈论金钱或计量数据时，你要把数字转换成演讲国家使用的计量单位。比如，你向一群来自不同国家的人讨论金钱，那你就要尽量设计一个最有代表性的货币图表，如人民币、美元、欧元和日元等。

情景演练：应对不同的演讲场景

3. 提到节日时要谨慎

除了一些国际性节日（如国际劳动节等），每个国家都还有自己独特的节日，并且一个国家的节日在另一个国家不一定有，甚至有的节日名字虽然一样，但日期和意义不同。

4. 谨慎使用色彩

在不同的文化中，色彩代表的意义不同。例如，红色在美国代表愤怒，在中国却是热情、快乐的意思。再比如，在西方文化中，白色与纯洁和婚礼有关；而在亚洲文化中，白色却与死亡和葬礼联系在一起。

5. 找到要强调的重点

在中国和其他亚洲国家，关系很重要，因此，在这些国家演讲时，你的演讲应该强调可能的长远目标和合作的好处。北美的听众可能对成本和直接效果一类的因素更感兴趣。

6. 避免俚语和粗俗语

一些俚语和粗俗语，或者从字面上很难解释得通，或者容易引起误解，或者带有亵渎不敬的含义，尤其是当你面对的是国际听众时，一定要把这种语句从演讲稿中找出来，逐一排除。

7. 演讲内容尽量简短

听自己母语的长篇演讲已经够令人厌烦了，别说听非本国语的演讲了。千万不要喋喋不休，演讲内容一定要尽量简短！如果你实在需要传达很多信息，可以考虑在中间为听众安排休息时间。

8. 不要认为图形符号会被人理解

在通常情况下，使用带有很多图形符号的视觉教具也许是个好办法，但到了国际场合，这些图形符号很可能给你招来麻烦。比方说，翘拇指的图像在中国等一些国家的意思是赞许，而在有的国家却认为是冒犯。

三、遵循基本演讲原则

在国际场所发表演讲，认真准备过的演讲内容并不足以保证演讲者能够获得成功，还需要有一场完美的呈现。这也意味着演讲者的风格必须要适应听众的文化需要。那么，我们需要注意那些事项呢？

1. 提前到达

提前到达你所要演讲的国家，一是以防飞机误点，二是为了适应时差。

2. 着装得体

保守的职业着装也许有些单调，但总是安全的。

3. 遵循礼节

如果你不想冒侵犯听众的危险，就要了解听众期望你遵循的传统和例行仪式。

4. 说得慢点

放慢说话速度。如果你不是向本国人演讲，就不要以平常的速度说话。

5. 肢体沟通

谨慎使用肢体语言，在中国表示善意的手势，在国外就有可能会得罪人。

6. 有利头衔

有的国家用职位和雇主的名声表示身份，那你就要强调这一点。

情景演练：应对不同的演讲场景

四、与同声翻译合作

在国际场合发表演讲，与同声翻译合作可以避免出现一些尴尬的情况。这里有几点建议：

1. 演讲前与同声翻译会面

演讲前与同声翻译会面，会让同声翻译对你和你的演讲有一点了解。你可以把你打算向听众展示的手稿或笔记以及所有讲义提供给他，让同声翻译提前熟悉你的演讲内容。

2. 向听众介绍同声翻译

这如同一个著名歌唱家感谢管弦乐队的指挥家一样，可以激励同声翻译为你更加卖力地工作。

3. 演讲内容简单易懂

使用简短的句子和词汇，避免行话、简略词和口语化的语句，让同声翻译一下就明白你的意思。并且你要说得稍慢一点，从而让同声翻译工作起来较容易。

· 导师语录 ·

  最成功的即兴演讲，都是真正当场演讲的。你发挥得越好，越证明自己的知识底蕴深厚，以及自身带有的一种魄力。

  演讲开场时，演讲者要学会引发听众的思考，暗示他们仔细听讲能获得的好处。

  在演讲结束的时候，演讲者要给听众明确的愿景承诺，并告诉他们想要达到目标需要花费的时间。

  演讲中的过渡很重要，好的过渡能精准地帮助听众回顾前一部分，同时还能够巧妙地预告下一部分。

  如果你的演讲提出了一个改变的理由，那么演讲结尾将是你鼓励听众、改变他们观点，或者是号召他们行动的最后机会。

  演讲者的着装除了要符合当天的场合，也要符合自己的性格特性和演讲基调。

  不管你在台下发生了什么，请不要将你沮丧的情绪带上演讲的舞台，因为情绪的感染力是巨大的。

  公开演讲的恐惧感确实存在，且普遍存在，当你适应了其实就淡化了。

  主持人必须帮助演讲者建立公信力，但又不能把演讲者描述成无所不能，像超人一般，这样会让听众产生距离感。

  一次成功的演讲，不仅是言语上的传播、沟通，更是完成了心与心的交流。